그로테스크

Le Grotesque

by Dominique Iehl
Copyright *Le grotesque* © Que sais-je?/Humensis, 1997
All rights reserved.

Korean translation copyright © HAD 2022
This Korean edition is published by arrangement with
Dominique Iehl and Humensis.

이 책의 한국어판 저작권은 저작권자와의 독점계약으로 어제오늘내일이 보유하고 있습니다. 저작권법에 의해 한국 내에서 보호를 받는 저작물이므로 무단 전제와 복제를 금합니다.

그로테스크

도미니크 이엘 지음

노란, 박희태, 시몽 다니엘루, 민경현 옮김

어제오늘내일
HAD

지은이 도미니크 이엘 : (프랑스) 툴루즈2 대학교 명예교수

옮긴이 노란 : 성균관대학교 연구교수
박희태 : 성균관대학교 프랑스어문학과 교수
시몽 다니엘루(Simon Daniellou) : (프랑스) 렌2 대학교 영화학과 교수
민경현 : 고려대학교 역사학과 교수

이 저서는 2019년 대한민국 교육부와 한국연구재단의 지원을 받아 수행된 연구임(NRF-2019S1A5A2A03045908)

This work was supported by the Ministry of Education of the Republic of Korea and the National Research Foundation of Korea (NRF-2019S1A5A2A03045908)

CONTENTS

서론 ·· 7

제1부 그로테스크의 유동성 ·· 9
1장 '그로테스크'의 여러 양식 ··· 9
2장 그로테스크의 양극단 ··· 14
바흐친 - 볼프강 카이저

제2부 그로테스크의 확산 (15세기~19세기) ··· 26
1장 그로테스크와 기괴성과 환상성, 보스에서 고야까지 ····························· 26
2장 유희적 그로테스크와 그로테스크한 풍자, 라블레와 스위프트 ············ 40
3장 캐리커처와 그로테스크, 칼로에서 도미에까지 ······································ 51
4장 그로테스크, 피카레스크, 유머 ··· 60
스페인의 피카레스크 소설 - 그로테스크와 유머 – 세르반테스 – 장 파울 – 필딩 - 디킨스

제3부 현대적 그로테스크의 출현. 확산에서 축소까지 ·············72

1장 그로테스크에 관한 낭만주의 이론들·············72

슐레겔 - 위고 - 보들레르 - 헤겔

2장 비극의 끝에 등장한 그로테스크·············80

셰익스피어 - 렌츠 - 뷔히너 - 그라베 -『보나벤투라의 야경꾼』

3장 낯선 것에 대한 환상에서 공포의 그로테스크까지. 호프만과 포를 중심으로···92

4장 그로테스크의 은밀한 침략. 플로베르, 도스토옙스키, 카프카 ·············104

제4부 현대적 그로테스크의 변형들 ·············112

1장 표현주의 회화에서의 그로테스크. 데포르마시옹, 신화, 비전 ·············112

2장 표현주의 연극에서의 그로테스크, 팬터마임, 축소 ·············126

3장 현대극에서의 그로테스크. 예증(例證)과 부조리 사이 ·············132

4장 현대적 그로테스크의 또 다른 이미지들·············148

부조리극에서 나타나는 그로테스크의 한계 - 카프카 이후 소설들에서의 그로테스크

결론 ·············168

참고문헌 ·············171

서론

그로테스크는 모호한 만큼이나 매력적인 개념이다. 하지만 그로테스크의 의미장(場)은 분명하게 정의되어 있지 않다. 무엇보다도 그로테스크는 하나의 심리적 지표로, 모순적이며 종종 경련이 일어난 정신 상태에 대한 평가이고 가치 판단을 동반한다. 그로테스크는 또한 서로 대립하는 경향들이 교차하는 예술적 지표이기도 하다. 그로테스크는 희극과 비극, 웃음과 공포에 동시에 속하는 현상으로 여겨지지만, 이들의 단순한 조합 그 이상을 의미한다. 이 용어는 흔히 부정적인 함의를 동반하며, 분노, 환멸, 조롱의 상태를 표현한다. 하지만 이러한 뉘앙스는 나중에 나타났고, 아주 오랫동안 그로테스크는 그저 우스꽝스러움의 동의어였다. 예술사에서는 그로테스크가 다양하게 정의되었다. 사실 그로테스크는 그 자체로 이미 매우 유동적인 개념들의 경계에 위치한다. 그로테스크는 비극과 불안에 연결되는 동시에 소극(笑劇)과 카니발의 웃음에 연결된다. 그로테스크는 때로는 비현실적 환상과 가깝고, 때로는 캐리커처나 풍자와 인접한다. 하지만 그로테스크 개념이 유동적이라고 해서 그 내부에 영속적인 구조가 없다는 것은 아니며, 이 구조는 그로테스크라는 단어가 담고자 한 다양한 내용을 통해서만 찾아질 수 있다. 그로테스크를 그 내용과 혼동해서 악마성이나 사회적 망상 등과 동일시하는 경향이 있지만, 기실 그로테스크는 무엇보다도 하나의 양식이다. 하지만 이 양식은 언제나 현실의 다양한 양상들과 연결되어 있다. 그로테스크는 아마도 다른 어떤 양식들보다도 더 깊게, 그것을 해석하는 시대와 결부되어 있다. 그로테스크의 구조와 역사는 동행하는데, 그 분석은 구조와 역사가 만나는 지점 위에 위치해야 한다. 이 책에서는 이론들을 실제 작품의 예들과 대조하면서 몇몇 핵심적 시기를 통해 그로테스크의 의미를 명확하게 밝히려고 시도할 것이다. 그로테스크라는 주제가 워낙 포괄적이라 우리는 예시의 선택을 회화 그리고 특히 문학의 영역으로, 문학에서는 소설과 연극으로 제한할 것이다. 시에서의 그로테스크 연구는, 그 자체로는 아주 흥미롭지만, 우리가 선택한 범위를 넘어서며, 음악에서의 그로테스크 구조 연구는 그 특수성으로 인해 매우 민감한 시도가 될 수 있기 때문이다.

몇몇 문화 영역과 밀접한 관계를 갖는 그로테스크의 지리적 분포를 대략 그려보는 것은 매력적인 작업일 것이다. 독일, 영국, 중부 유럽, 동부 유럽은 각각 나름의 방식으로 그로테스크를 선택한 지역들이기 때문이다. 하지만 남부 유럽의 그로테스크 역시 주목할 만한 생명력을 갖고 있으며, 다른 한편으로는, 예를 들어 러시아의 바흐친Bakhtine이 라블레Rabelais의 대변인을 자처했을 때처럼 두 문화가 결합할 때, 그로테스크는 그 어느 때보다 풍성하게 꽃을 피운다. 그로테스크에 대한 현대적 해석은 매우 뒤늦어서, 볼프강 카이저의 1957년 연구와 미하일 바흐친의 1965년 연구와 함께 등장한다. 그러나 바로 이 시기가 라블레와 브뤼헐부터 시작되어 여러 화가와 작가를 거친 하나의 그로테스크 전통이 창출된 시기다.

제1부 그로테스크의 유동성

1장 '그로테스크'[1]의 여러 양식

▪ 시작

현대 그로테스크의 일부 연구자들은 15세기 이탈리아 장식 예술에서 처음으로 등장한 그로테스크와 현대 그로테스크를 구분하는 모든 요소를 그저 강조하기만 한다. 하지만 이 15세기 이탈리아 장식 예술은 그로테스크 장르의 구조와 그 이후의 진화에 대해 많은 것을 시사한다.

연구자들은 몽테뉴가 『수상록』에서 자신의 독특한 문체를 분명히 드

---

[1] 역주) 'grottesque'와 'grotesque'를 구분하기 위해, 전자는 '그로테스크'로, 후자는 그로테스크로 표기한다.

러내기 위해 당시 활동했던 한 화가의 작업을 설명하는 문장을 종종 인용한다.

> 그는 가장 아름다운 장소와 각 벽면의 한가운데를 골라 그의 모든 자부심을 담은 정교한 그림을 걸었다. 그러고는 주위의 비어있는 공간을 크로테스크한 그림들로 채웠는데, 다양함과 이질성으로만 매력이 드러나는 환상적 그림들이다(『수상록』 1권 28장).

『수상록』이 출간된 1580년 당시에는 '크로테스크'[2]가 이미 한 세기 전부터 익숙한 예술 방식이었다. 이 단어는 15세기 말에 트라야누스 황제의 공동목욕탕 아래 묻혀 있던 네로 황제의 황금 궁전 지하에서 발견된 프레스코화와 고대 문양과 관련되었다. 장식품들을 지칭하기 위해 사용된 이 '그로테(grotte, 동굴)'에서 '그로테스크(grottesque)'라는 단어가 유래했고, 이후 해당 장르 전체에 적용되었다.

종종 변덕 또는 일시적 유행이라고 관성적으로 치부하는 그로테스크의 복잡한 양식을 몇몇 특징으로 정의하는 것은 어려운 일이다. 몽테뉴가 말한 것처럼 이 "환상적 그림들"은 무엇보다도 창조적 판타지의 새로운 형태,

---

[2] 역주) 필립 톰슨은 동굴을 의미하는 이탈리아어 '그로테(grotte)'에서 형용사형인 '그로테스코(grottesco)'와 명사형 '그로테스카(grottesca)'가 파생되었으며, 프랑스에서는 1532년 무렵 '크로테스크(crotesque)'라는 용어가 사용되다가 1640년경에 '그로테스크(grotesque)'로 대체되었다고 설명한다. 필립 톰슨, 『그로테스크』, 서울대학교 출판부, 1986, 17쪽 참조.

상상력의 새로운 모험을 표현했다. 생뚱맞다고 여겨질 수 있는 이 대담한 조합들을 당대의 비평가들은 비판적 시선으로 바라보았다. 조르조 바사리Giorgio Vasari는 그의 저서 『르네상스 미술가 평전』에서 이 주제에 대해 다음과 같이 말한다.

> 그로테스크는 고대에 벽면을 장식하기 위해 창시된 자유롭고 익살스러운 회화의 한 범주이며, 허공에 떠 있는 듯한 형태들만이 그 자리를 차지할 자격이 있었다. 예술가들은 자연의 변덕스러움이나 자신들의 기상천외한 상상이 만들어낸 흉측한 기형들을 벽면에 그렸다. 그들은 일체의 규칙에서 벗어나서 이러한 형태들을 만들어낸 것이다. [...] 가장 광적인 상상력을 가진 사람이 가장 재능 있는 사람으로 간주되었다(샤스텔, 31쪽).

이 문장을 인용한 앙드레 샤스텔André Chastel은 '그로테스크'의 발전과정과 그로테스크가 근대 예술의 몇몇 결정적 양상에 대해 시사하는 관점들을 명철하게 연구한다. 바사리가 잘 보여주듯이, 최초의 그로테스크는 고대에서 이미 고전적인 예술과의 단절을 의미했다. 기원전 1세기에 고대 로마의 건축가 비트루비우스는 새로운 건축 양식의 지지자들에게 한층 더 엄했는데, 그들의 '퇴폐적 취향'이 자연의 질서에 대한 도전이라고 여겼기 때문이다. 특히 그는 계(界)의 혼동, 인간과 식물과 동물의 혼합을 비판한다. 비트루비우스는 그러한 기상천외함에서 불합리한 형태를 보았지만, 바사리는 이것이 방향을 잘 잡아주기만 하면 유용할 수 있다고 생각했다. 바사리의 판단은 이 최초의 양식이 거대한 상상력의 가능성을 열어준다는 점에서 매우 풍요로울 수 있음을 시사한다. '그로테스크'의 가능성은 여러 가지이다. 그 지배적 특징은 아마도 양가성, 불규칙성 그리고 때로는 산만한 모습을 취하지만 진정한 결합적 역동성으로 표현되는 혼합의 열망일 것이다. 환상은 '괴물 같은 것'으로 변모될 수 있는 것이다.

'그로테스크'의 발전과정, 확산과 쇠퇴

앙드레 샤스텔은 '그로테스크'의 변화 과정을 다음과 같이 추적한다. 우선 1500년경 핀투리키오^{Pinturicchio}, 시뇨렐리^{Signorelli} 같은 화가들의 그림 배경과 함께 등장한 초기 그로테스크의 '흥분되고 혼란스러운' 세계가 있는데, 이들은 무중력 상태의 표현을 때로는 미묘하게 군집의 혼미스러움과 결합한다. 1515-1520년에는 혼성(混成) 양식이 바티칸 외랑(外廊)의 인물상들에서 나타나는 경쾌한 매력에 자리를 내주며, 라파엘로와 지오반니 다 우딘$^{Giovanni\ da\ Udine}$의 작품을 중심으로 한 이 인물상들의 생기 넘치고 섬세한 군집은 고전 예술 애호가들과 근대성 애호가들을 동시에 만족시켜줄 수 있었다. 16세기 내내, 이탈리아와 프랑스에서 그리고 플랑드르 지방과 여타 지역들에서, 그로테스크를 꿈에 근접한 허구로 이끌거나 현실에 조금 더 가까운 환상으로 인도하는 두 가지 움직임이 각양각색으로 나타난다. '그로테스크'의 힘은 장식품의 모든 상상적인 양태들을 한데 끌어

모으는 능력으로부터 기인하는 것이다(43쪽)." 이러한 맥락에서 샤스텔은 16세기에 '그로테스크'가 몽환 상태와 광기로 점차 변모하고 있음을 지적하며, 1556년 안트베르펜의 코르넬리스 플로리스$^{Cornelis\ Floris\ de\ Vriendt}$의 흉측한 그림들을 언급하면서, "연골과 점막, 장기(臟器)와 물컹물컹한 조직들의 소름 끼치는 혼합"(43쪽)이 로코코 양식의 일정한 기상천외함을 예고한다고 말한다. 그로테스크 양식이 겪는 이러한 일들은 우연이 아니다. 카이저가 지적하듯, 1600년경에 아라베스크 양식의 역동성이 붕괴와 해체의 양식과 자리를 바꿈으로써 그로테스크의 여러 가능성 가운데 하나가 실현되기 때문이다. 이는 『연골의 그로테스크』에서 요한 하인리히 켈러$^{Johann\ Heinrich\ Keller}$나 캄머마이어^{Cammermeir}의 작품들을 통해 아주 분명하게 드러난다. 여기에서는 모든 윤곽이 무너져 있다. 사람이나 동물의 머리처럼 생경한 모티프들이 축 늘어진 선들과 뒤섞여 그저 연장선으로만 보인다. 그로테스크한 혼합은 깜짝 놀랄만한 방식으로 이루어지고, 예술가의 의도는 형태들을 증식시키는 것이 아니라 하나의 형태를 다른 형태 안에서 용해하는 데 있는 것처럼 보인다.

이러한 현상은 그로테스크의 본성과 변화 과정을 분명하게 밝혀준다. 그로테스크 역사에서 끊임없이 발견되는 두 개의 모순적 구조가 혼합과 양가성으로부터 도출된다. 바로 군집과 해체, 풍부함과 점진적 소멸이다. 유희, 창의, 조합에 근거하고 삶의 움직임이 웃음의 힘으로 지탱하는 그로테스크가 있는가 하면, 그 옆에는 웃음이 비극성에 억눌려 불안한 이질성의 기호가 되는, 소외와 회피의 그로테스크가 있는 것이다.

2장 그로테스크의 양극단

'그로테스크' 개념의 변화에서 보이는 모호함은 현대의 가장 저명한 그로테스크 해석가 두 사람, 볼프강 카이저와 미하일 바흐친의 대립적 차이에서 뚜렷하게 부각된다. 우선 이 두 사람의 결론을 살펴보는 일이 필요하다. 이들은 같은 단어를 사용하지만, 완전히 이질적인 두 개의 현실을 묘사하기 때문이다.

바흐친의 눈에 비친 라블레, 그로테스크 리얼리즘과 희극적 민중문화

바흐친이 1965년에 출간한 라블레에 관한 저작[3]은 부분적으로, 그보다 8년 앞서 출간된 카이저의 저서에 대한 반론이다. 하지만 바흐친의 저서는, 카이저의 저서와 비교해서, 그로테스크의 역사에서 이전 단계에 해당하는 부분을 다룬다. 이 책의 초판본은 1930년대 말로 거슬러 올라간다. 당시 바흐친은 스탈린식 리얼리즘과는 전혀 다른, 살아있는 리얼리즘의 이미지를 러시아에 제시하려 했다. 자유로움과 자발성 측면에서 공식적 문화와 대립하는 방대하고 예스러운 문화, 즉 민중적인 구술 문화에 그로테스크를 결합하면서 그는 그 목적을 달성한다. 그가 환기하는 문화는 중세의 의례

---

3) 미하일 바흐친, 『프랑수아 라블레의 작품과 중세 및 르네상스의 민중문화』.

와 공연을 통해 이루어지는 카니발 전통의 문화이며, 이러한 구전 희극 작품들 안에서 바흐친이 '그로테스크 리얼리즘'이라고 정의한 구성요소들이 자리를 잡고 완전해진다. 이 '리얼리즘'은 어떤 경우에도 창의를 배제하지 않는다. 바흐친은 그로테스크와 카니발적인 것을 연결하면서 그로테스크를 하나의 문화로 만들고 왕도(王道)를 연다. 그의 탁월함은 그로테스크를 창의적 영역에 위치시키면서도 현실과 결합했다는 데 있는 것이다.

그로테스크한 육체 그리고 모호성

바흐친에 따르면 그로테스크 문화는 무엇보다도 물질적인 것과 육체적인 것에 뿌리내리고 있다. 육체적 삶에 관한 풍부한 이미지의 저장소라 할 수 있는 라블레의 작품은 바흐친의 그로테스크 해석에 놀랄 만큼 부합하는데, 이러한 해석은 모든 것을 하위 세계로 향하게 하면서 정신적인 것을 격하시키려는 의지와 연결되는 것처럼 보인다. 여기서 물질과 정신이라는 표현은 매우 넓은 의미에서 이해되어야 한다. 라블레는 모든 것을 육체로 환원하면서, 격하시키기보다는 오히려 확장하고 변환한다. 그로테스크한 육체는 역동적 원리, 무한한 확장과 재생의 원리이기 때문이다. "격하는, 흡수인 동시에 탄생의 원리로 이해되는 대지와 통한다(30쪽)." 경계가 뚜렷하고 제한된 고전적 의미의 육체에 팽창, 미완성, 변화의 상징이자 생식력의 상징인 그로테스크한 육체가 대립하게 된 것이다.

역동성, 변신, 양면성

바흐친에게 있어 그로테스크는, 육체의 역할 덕분에, 현실을 강화하고 역동적으로 만드는 원리와 다름없으며, 이 원리는 '그로테스크'식 장식 양식들을 통해 팽창과 확산의 변별적 형태에 힘과 새로운 의미를 부여한다. 이 역동성은 라블레의 거인주의[4]의 원천이며, 그것은 스위프트^{Swift}의 『걸리버 여행기』에서처럼 해학적이고 풍자적인 평가 원칙일 뿐 아니라 생명력, 변신, 양가성을 결집하는 하나의 능동적 힘이기도 하다.

> 그로테스크 이미지는, 죽음과 탄생, 성장과 생성의 단계 너머의 변화 상태에서, 아직 완전히 끝나지 않은 변신 상태에서 나타나는 현상을 특징짓는다. 시간과 생성에 대한 관계는 그로테스크 이미지의 필수적이고 본질적(결정적)인 특징이다(33쪽).

이러한 개념들로부터 그로테스크는 하나의 능동적인 전복(顚覆) 원리가 된다. 모든 위계질서는 역동성과 변신의 이름으로 뒤집히고 엎어진다. 이러한 변신의 열정은 바흐친을 신화 차원으로 인도한다. 라블레와 그로테스크는 르네상스와 더불어 변화하는 시대의 상징, 삶과 예술의 모험 역사에서 새롭고 놀라운 시대의 상징이 되는 것이다.

---

4) 역주) 16세기 프랑스 작가 프랑수아 라블레는 『가르강튀아』와 『팡타그뤼엘』에서 거인 왕 부자(父子) 가르강튀아와 팡타그뤼엘의 탄생, 성장, 무훈담을 특유의 유쾌하고 과장된 희극적 어조로 이야기한다.

카니발과 그로테스크한 웃음

현실로의 회귀는 카니발의 웃음을 통해 이루어진다. 카니발은 그로테스크에 양분을 제공하며, 그로테스크는 카니발의 표현 양식이다. 이 양식은 우선 구술적이며, 공공장소의 서정성으로 나타난다. 그것은 거대한 것, 외설적인 것, 신성모독적인 것의 서정적 표현이며, 무엇보다도 종합하는 힘을 가진 웃음 속에 이 요소들을 혼합시키는 표현이기도 하다. 일찍이 웃음은 그로테스크와 연결되어 있었다. 풍자, 패러디, 심지어 뷔를레스크$^{\text{bur-lesque}}$의 정확한 형식 너머에 존재하는 웃음의 비범한 특성을 간파했다는 점이 바흐친의 업적이다. 라블레 작품 곳곳에 보이는 이 웃음은 하나의 세계관과 다름없다. 그것은 현실에 대한 설명이 아니라 현실을 수용하는 하나의 방식이다. 소포클레스에게 세계가 비극적이듯, 라블레에게는 세계가 희극적이다. 이런 식으로 이해된 웃음은 독특한 힘을 갖게 되는데, 신성모독인 동시에 구원자라는 점이다. 웃음은 '인간의 고유한 속성'이 되고, 집단적이고 원형적인 심층에 새겨진다. 샤를 모롱$^{\text{Charles Mauron}}$이 『희극 장르에 대한 정신분석비평』에서 보여준 위엄과 능력이 바로 이 웃음과 관계된다. 라블레부터 웃음은 그로테스크와 불가분의 긴밀하고 복잡한 관계를 맺게 되었다. 이러한 결합이 '그로테스크' 형식들과 구분되는 라블레의 독창적 그로테스크를 만들어낸다. 기실 이것은 하나의 새로운 유희 형식과 관계된다.

'그로테스카(grottesca)'[5]에서는 모든 것들이 창의와 환상의 영향 아래 있었다. 라블레에게 있어 유희는 예술적인 것과 살아있는 것을 혼합해서 전혀 다른 성질을 갖는 합성물을 만드는 것이다. '그로테스카'에서는 조합의 방식이었던 것이 라블레에 이르러서는 훨씬 더 근원적인 변환과 혼합의 힘이 되며, 이 힘은 인물들의 '거대한' 팽창에서만이 아니라, 언어를 끊임없이 반죽하고 재창조하는 구술적 창의의 역동성에서도 잘 드러난다. 결국, 바흐친은 라블레에게서 그로테스크의 영향 아래에 있는 새로운 문화의 이상적 재현을 본 것이다. 그런데 이 문화는 사실적일까? 우리는 역동적이고 유쾌한 그로테스크 시대에 대해 말할 수 있는 것인가? 아니면 새롭고 놀라운 양식의 창조자라며 단지 라블레에게 경의를 표하기만 하면 되는가? 이 점을 분명하게 해야 하지만, 지금은 이후 시대의 그로테스크를 이해하기 위해 그로테스크의 본질과 관련된 양상을 살펴볼 때이다. 라블레에게 변형은 형태의 파괴가 아니라 새로운 형태의 행복하고 역동적인 창조로 나타난다.

볼프강 카이저와 불안의 그로테스크

1957년에 볼프강 카이저는 그로테스크에 관해 최초로 일관적인 이론을

---

[5] 역주) 그로테스카(grottesca)는 그로테스크의 이탈리아어 표현이다. 이탈리아에서 네로 황제의 동굴 발견에서 시작된 르네상스 시대의 장식 예술 경향으로서의 그로테스크를 의미한다. 저자는 프랑스의 라블레 작품에 나타난 그로테스크와 그로테스크 초기의 장식 예술을 구분하는 의미에서 '그로테스카'를 사용한 것처럼 보인다.

전개한 유럽 비평가였던 것처럼 보인다. 출간연도에도 불구하고 그의 저서는 바흐친의 후속작으로 읽힐 수 있다. 실제로 그는 '그로테스카'와 '코메디아 델라르테'에 대해 간략하게 살피고 나서, 18세기부터 예술에 나타난 그로테스크에 집중한다. 그는 '질풍과 노도(Strum und Drang)' 시기부터 초현실주의까지의 문학과 회화를 넘나들며 현대 그로테스크의 눈부신 역사를 기술한다.

방향 상실에서 소외까지

볼프강 카이저의 저서는 한 편의 광범위한 파노라마로, 대체로 매우 탁월하며, 고전의 자리에 오른 분석의 보고(寶庫)라고 할 수 있다. 자신이 다룬 모든 작품에서 그는 하나의 그로테스크 구조를 찾아낸다. 하지만 그가 그로테스크라고 부르는 것은 라블레식 세계의 역동적 팽창이나 유쾌한 확산과는 공통점이 조금도 없다. 팽창과 쾌락이었던 것이 실망과 축소가 되었기 때문이다. 바흐친에게 그로테스크는 현실의 소유를 의미했다. 카이저에게는 그로테스크가 현실 전체가 빠져나가 우리에게 낯설어지는 두려운 감정에서 발생한다.

> 웃음이 뒤섞인 공포감은 외견상 견고한 질서에 의해 이루어지고 우리에게 친숙한 이 세계가 갑작스레 낯설어지고, 깊이를 알 수 없는 힘이 난입하며, 모든 힘과 모든 일관성을 잃게 되어, 결국 모든 구조와 함께 파

괴되어버리는 경험에 근거한다(『미술과 문학에 나타난 그로테스크』, 38쪽).

볼프강 카이저는 이 책에서 점진적인 파괴 과정, 즉 질서와 일관성과 의미의 소멸에 대한 인식을 서술한다. 이는 조직적인 세계 밖으로 축출된 감정, 낯섦의 감정으로 시작해서 공허와 허무에 대한 경험으로 완성된다. 이제 그로테스크의 형상은 점진적 변화, 회피가 되는 것이다. 그리고 현실의 토대는 풍화되거나 붕괴한다. 카이저에게 있어 'die sich verfremdende Welt', 그러니까 '우리에게 낯설어진 세계'라는 말이 표현하는 것은 바로 이 과정이다. 이는 브레히트 이후 자주 사용되기 시작한 '낯설게 하기(Verfremdung)'와는 아무 관계가 없다. 볼프강 카이저는 전혀 다른 시각에서 소외의 과정을 서술한다. 의식(意識)과 현실 사이의 조화가 깨지면 일관성 없는 세계가 그 자리를 차지하게 된다. 이는 프로이트가 호프만의 『모래 사나이』를 분석하면서 '두려운 낯섦(Das Unheimliche)'의 점진적 침습이라고 묘사한 과정과 다소 유사하다. 프로이트와 마찬가지로, 카이저는 친숙한 세계(heimlich)에서 낯선 세계(unheimlich)로의 이행이 무의식과 긴밀하게 연관되어 있음을 보여준다. 이에 관해서는 나중에 다시 이야기할 것이다. 카이저에게 이 세계는 악마숭배(비이성적인 힘)의 세계 또는 악마 같은 것(악한 힘)의 세계이다. 이 점에서 카이저의 그로테스크는, 로제 카이유와(Roger Caillois) 같은 프랑스 환상 문학 초기 연구자들이 사용한 환상성의 의미와 가깝다.

환상 문학에서 초자연적인 것은 보편적 일관성의 단절로 나타난다. 여기서는 초자연적인 사건이 위협적이고 금지된 공격으로 변해, 그때까지 엄정하고 불변이라고 여겨졌던 세계의 법칙들이 지배하던 세계의 안정성을 부순다(『환상 문학 선집』, 서문).

이 인용문에서는 그로테스크에 대한 카이저의 정의가 거의 그대로 나타난다. 그렇다면 그로테스크는 웃음과의 관계를 전부 잃어버린 것일까? 그것은 어두운 환상의 표출에 불과한 것일까? 이러한 질문에 답하기엔 너무 이르기에, 여기서는 카이저의 그로테스크에 함유된 부정적 형태를 알리는 것으로 그치겠다.

부정적 그로테스크, 자동화와 해체

카이저는 결론에서 다음과 같이 말한다.

우리는 끊임없이 해체의 새로운 형태와 맞닥뜨렸다. 사물의 범주가 폐지된다든지 개인성이라는 개념이 파괴된다든지 연대기적 질서가 낱낱이 분해되는 그런 해체 형태들이다(199쪽).

파괴라는 용어보다 '해체(Auflösung)'라는 용어가 그로테스크에 관한 이 새로운 관점에 더 어울린다. 카이저에게 있어서는 그로테스크가 모든 면에서 바흐친이 말한 구조와 정반대 방향으로 기능하는 것 같다. 확산은 분해가 되고, 풍요는 결핍으로, 확장은 축소로, 창조적 비대는 기형으로, 기발함은 광기로, 유기적 전개는 기계적 자동화로, 생기있는 혼합은 혼종성으로 변형된다.

그로테스크 두 가지, 모순인가, 진전인가?

 이렇듯 극단적인 대조를 앞에 두고서는 양립 불가능한 두 가지의 그로테스크가 있는 것이 아닌가, 또는 근본적으로 다른 두 가지의 그로테스크 시대, 그러니까 르네상스 시대의 극도로 행복한 그로테스크 문화와 18세기에서 20세기까지의 불쾌하고 고독한 그로테스크가 있는 것이 아닌가 자문해볼 수 있다. 바흐친은 생동적이고 집단적인 그로테스크가 전개되지 못한 원인으로 개인주의와 내재성과 관념론의 폐해를 소환한다. 이 점에서 그의 결론은 약간 성급하기도 하다. 어쨌든 각각 역사적이기를 바라는 두 가지 분석 앞에서 당혹스러움은 여전하다. 카이저의 분석은 정확한 예시를 통해 오랫동안의 변화 과정을 추적하고 있고, 바흐친의 분석은 신화와 고졸기(古拙期) 예술 전반 그리고 고대 그리스·로마(의 조형예술과 희극)을 통해 그로테스크의 역사라기보다는 그로테스크의 선사시대라고 할 수 있는, 상당히 모호하게 규정된 시대와 관계되는데, 그런 점에서 카이저의 분석은 바흐친의 분석보다 외견상 더 역사적으로 보인다. 게다가 현대 그로테스크에 대한 바흐친의 언급은 매우 모호하기도 하다. 사실 카이저와 바흐친의 연구 모두 그로테스크의 본질을 찾아서 예술 범주 안에 특별한 자리 하나를 마련하고 싶은 동일 의도에서 이루어졌다. 겉으로는 대립적으로 보이나, 두 연구의 결론은 그로테스크의 강렬함과 다의성이라는 두 가지 본질적 양상에서 출발하는 하나의 탐색 방향을 정해 준다. 확산을 의미하건 해체를 의미하건, 풍부함을 의미하건 축소를 의미하건, 어쨌든 그로테스크는 관점의 예외적 양상으로 나타나며, 이 양상은 시대와 장소에 따라 달라지지만, 항상 카이저와 바흐친이 설명한 근본적 다의성에 의해 뒷받침된다. 그들에게 그로테스크는 우선 하나의 혼합, 심지어 비극성과 희극성의 만남을 넘어서는 모순된 두 가지 인식의 혼합이다. 바흐친은 혼합이 어떻게 유희와 창작의 원천이 되는지를 보여주며, 다의성의 역동적 측면을 강조한다. 카이저는 항상 상대적 방식으로 기능하는 그로테스크의 양극성을 강조하므로, 단순하게 '그로테스크'가 아니라 '그로테스크-희극', '그로테스크-비극' 등으로 표현해야 할 것이다. 저서의 끝부분에서 카이저는 그로테스크의 주요 조합 두 가지, 즉 풍자적 그로테스크와 환상적 그로테스크를 주목한다. 이 두 가지 조합은, 의심의 여지 없이, 그로테스크가 웃음과 현실과 맺는 관계(풍자 예술) 그리고 그로테스크 상상계의 기능(환상 예술)을 밝히는 두 가지 중요한 방향에 해당한다.

그로테스크에 관한 저서 몇 권

유혹이 아무리 커도 그로테스크에 대해 단일한 정의를 내리지 않고 복합성 안에서 그로테스크를 바라보려고 애쓰면서 바흐친과 카이저의 연구를 계승해 발전시킨 학자들이 여럿 있다. 특히 현재 그로테스크 해석의 권위자 중 한 명인 크리스티안 톰센$^{Christian\ W.\ Thomsen}$의 관점이 여기에 해당하는데, 그는 통시적이면서 공시적인 시각에서 출발해서 뒤틀기와 낯설게 하기의 원칙, 유희, (충동, 꿈과 같은) 심리적 요소의 예술적 객관화, 매력과 혐오를 동시에 느끼게 하는 양면적 구조, 현실 탐구의 도덕적이고 풍자적인 형태로, 좀 더 일반적으로는, 삶의 수많은 영역에서 통제할 수 없는 요소들이 불러일으키는 위협을 표현하려는 하나의 창작 양식으로 그로테스크를 정의한다(톰센, 『18세기 영국 소설의 그로테스크』, Darmstadt, 1974, 12쪽, 톰센 1). 그의 정의는 다소 산만하기는 하지만, 엘리쉬바 로젠$^{Elisheva\ Rosen}$이 말한 것처럼 범주화하기가 매우 어려운 개념의 다양성을 고려한다는 장점이 있다. 이러한 연구들은 클레이버러^{Clayborough}나 톰센의 경우처럼 대부분 영국 작가들을 다룬다. 독일 쪽 연구로는 개별 작가들의 그로테스크에 관한 다수의 연구를 포함한 바이런 제닝스$^{Lee\ Byron\ Jennings}$의 저서가 있다. 좀 더 일반적인 연구 중에서는 프랜시스 바라쉬$^{Frances\ K.\ Barash}$의 매우 유용한 역사적 분석 그리고 그로테스크를 유사한 범주들과 아주 적절하게 비교한 필립 톰슨$^{Philip\ Thomson}$의 설득력 있고 시사적(示唆的)인 설명이 시선을 끈다. 1970년대에는 특히 프랑스에서 연극에서의 부조리를 다룬 여러 저서를 통해 그로테스크에 대한 문제가 다시 제기되었다. 1980년에 출간된 공저 『시(詩)에 나타난 그로테스크』와 1988년에 출간된 「그로테스크」(『독일 연구』)는 다양한 관점들을 그로테스크에 융합하고 있다. 엘리쉬바 로젠의 최근 연구인『그로테스크에 대하여』는 그로테스크 개념 창출의 어려움을 세밀하고 정확하게 분석하고 있다. 이 연구들의 목록은 참고문헌에서 찾아볼 수 있다.

   그로테스크는 진정한 하나의 정체성을 갖고 있는가? 이 질문에 대답하기 위해서는 작품 측면에서 그리고 그로테스크의 다양한 조합 방식을 통해서, 이론이 분명하게 밝혀내지 못한 유동적 구조들에 대한 분석을 시도해야 한다.

제2부 그로테스크의 확산 (15세기~19세기)

1장 그로테스크와 기괴성과 환상성, 보스에서 고야까지

'그로테스카'의 진화와 동시에, 15세기부터는 다양한 구성요소들과 조합되는 새로운 구조의 그로테스크가 만들어진다. 가장 의미 있는 결합은 보스^{Bosch}나 브뤼헐^{Bruegel}과 같은 화가들에게서 나타나는 그로테스크와 환상성의 조합인데, 이는 때로는 그로테스크로, 때로는 환상성으로 지칭되어 적잖은 혼란의 원인이 된다.

■ 그로테스크와 기괴성

15세기 말과 16세기 초, 중세와 르네상스 사이의 관계를 명징하게 보여주는 예술가들의 작품에서 그로테스크를 암시하는 형태가 등장한다. 이 관계는 괴물 모티프의 변이형들, 특히 그릴^{grylle}에서 나타난다. 그릴은 그리스·로마의 보석 조각술에서 여러 개의 머리가 조합된 신체, 발 달린 머리, 머리와 사지의 기괴한 결합을 가리키는 단어다. 발트루사이티스^{Baltrusaitis}에 따르면, 15세기 말과 16세기에 점점 더 강해지는 기괴한 테마들의 발현은 르네상스와 직접적인 관계를 맺고 있는 것처럼 보인다. "유럽 북부학파[6]에서, 르네상스는 [...] 무엇보다도 기괴한 형태를 취하며 중세에서 곧바로 벗어난다"(『환상적 중세』, 56쪽). 하지만 중세 역시 이 테마들을 고대에서 가져왔다. 괴물 모티프가 그로테스크 문화와의 연속성을 보여준다는 것은 기괴한 것과 그로테스크를 크게 혼동하지 않으면서도 확인될 수 있다. 그리고 발트루사이티스는 동일 어휘를 사용해서 이 괴물들을 묘사하기도 한다. 이 그림들은 풍요로움과 부유함과 결합해서 "살아있는 형태들이 이동하고 반복되고 엄청나게 확대되고 서로 혼합되는 어떤 초자연적인 힘"(20쪽)을 나타낸다. 여기서 주목할 것은 강력함, 유동성, 생명력 그리고 혼합이다. 바흐친이 말한 그로테스크 형태들이 바로 이것들이기 때문이다. 이 점은 당시에 그로테스크와 환상적인 것 사이에 긴밀한 결합이 있다는 것을 보여준다. 더 정확하게 말하면, 나중에 우리가 환상적인 것으로 간주하는 것은 먼저 그로테스크의 형태로 나타났으며, 이 형태 안에서 생경함은 희극성과 결합했다. 이 결합은 중세의 동물우화집이나 경이로우면서도 종종 괴상한 조합의 작품들 또는 당시 교회 기둥과 정면부의 해부학적으로 뒤섞

---

[6] 역주) 예술사에서 플랑드르, 네덜란드, 스위스를 포함한 독일권 국가들과 스칸디나비아 국가들을 통칭해 '북부학파'라고 부른다.

인 부조들에서 두드러지게 나타난다. 하지만 악마 그리고 이와 유사한 존재들의 재현이 당시에는 일상적이어서, 이러한 구성들은 다소 과장되기는 했지만, 그저 무시무시한 것으로만 여겨졌다.

보스의 작품 세계에서 그로테스크의 힘

리스본의 국립 고미술관에 소장된 보스의 그림 <성 안토니우스의 유혹>에서 성 안토니우스를 마비시키고 겁을 주는 기상천외하고 기만적인 존재들로 인해 사람들은 보스의 작품에서 일반적으로 기이함, 생경함, 엄습감을 느낄 뿐이다. 보스는 악마적인 조합들로 이루어진 광기 어린 기상천외함의 한복판에서 기준점을 완전히 잃어버린 것처럼 보인다. 마르셀 브리옹 Marcel Brion에 따르면, 보스의 작품에서 환상성은 "정신에 가장 위험한 유혹을 초래하여, 단순히 감정만 흔들리는 것이 아니라 내면적으로 신성(神性)과 세계 질서에 대한 확신까지 동요하게 만든다"(『환상 예술』, 118쪽). 브리옹의 분석은 육체적인 것과 정신적인 것을 나란히 두면서 환상성과 그로테스크의 인접 관계를 강조한다는 점에서 매우 정확하다. 하지만 <세속적인 쾌락의 동산>에 대한 다음과 같은 그의 의견에 동의하기는 어렵다. "정원의 분위기 자체가 순수하게 환상적이다. 이 정원에서는 그 어떤 희극적 효과도 고려되지 않았으며, 부적절함은 조금도 익살스럽지 않다"(35쪽). 여기서 제기되는 것은 보스 작품에서의 의외성의 문제다. 그의 그림들에서 우주의 구성 원리는 쉽게 찾아지지 않는다. 종교적 알레고리를 나타내는 부분은 분명히 있지만, 신비주의적이고 비의(秘儀)적인 상징을 참조해서 그의 작품이 분명하게 설명된 적은 없다. 정신분석학적 해석도 그다지 유용하지 않았다. 만약 광물계, 식물계, 인간계의 파편들이 독특한 리듬에 따라 뒤섞이는 창작의 흐름에 동화된다면 보스의 정신에 더 다가설 수 있을지도 모르겠다. 환상성에 관한 전문가 루이 박스$^{\text{Louis Vax}}$가 그림에 따라 변화하는 이러한 리듬과 연결된 그로테스크의 부분을 아주 잘 파악한 바 있는데, <건초마차>에서 보이는 군중들의 폭력적인 소동과 <세속적인 쾌락의 동산>의 중앙 폭에서 보이는 수수께끼 같은 원의 형상들은 바로 이 리듬에 따라 교대로 나타난다. 박스가 그로테스크 관점에서 기술한 것처럼, 이는 "군중들의 난투극"(<건초마차>)과, 그리고 <세속적인 쾌락의 동산>에서는 "창조적 기쁨", "자유로운 충만함", "과도한 상상"으로 생기를 얻은 형태들의 "광물질과도 같은 증식"과 관련된다(『예술과 환상 문학』, PUF, 1963, 44쪽).

박스에 따르면 이 힘들은 상징적 의도보다 더 중요하며, 그로테스크와 혼동되지만 않는다면, 보스의 작품 세계에서 환상성은 무엇보다 그로테스크의 경향을 보인다는 것을 잘 보여준다. 그렇다면 그 결합의 종착지에 해당하는 형태는 어떤 것일까?

혼합에서 이종교배까지

발트루사이티스에 따르면, "고딕 그릴의 마지막 단계"는 "해체이며 한층 더 절대적이며 강렬한 생명"을 표현한다(50쪽). 그런데 무엇을 더 우선해야 할 것인가? 바흐친의 계열에 속한 격렬한 생명인가, 아니면 카이저의 관점으로 해석될 수 있는 해체인가? 익살과 불안의 결합이 보스의 작품에서는 아주 미묘하게 나타나지만 15세기 말부터는 그로테스크한 혼합에 독창적 의미를 부여한다. 그것은 이종교배라는 특이한 형태와 관련되며, <세속적인 쾌락의 동산>의 한 부분에서 그 뉘앙스가 잘 드러난다. 과일 안에 갇힌 한 남자가 얼굴 앞에 놓여 있는, 끝부분이 과일과 연결된 유리관 안을 기어가는 쥐에 매료된 것처럼 보인다. 마르셀 브리옹은 이 이미지를, 목욕 가운을 걸친 한 부르주아가 느닷없이 다락방에 쳐들어온 커다란 말 한 마리와 맞닥뜨린 모습을 그린 도미에^{Daumier}의 석판화에 비유한다. 도미에의 작품에서 얼굴을 맞대고 있는 두 인물의 대면이 자아내는 희극성은 출현이라는 환상적 요소의 효과를 감쇄한다. 하지만 보스의 그림에서는 공격당할지도 모른다는 생각 때문에 분명히 더 불안한 상황이지만, 정작 그림을 지배하는 것은 과일, 유리관, 쥐, 얼굴의 조합이 만들어내는 희극적 경향의 생뚱맞음이다. 이렇듯 전체가 잡다하게 뒤얽힌 양상은 그로테스크의 독특한 형태 하나를 만들어낸다. 인간과 동물의 혼합에 인간과 사물의 혼합이 덧붙여지는 이러한 양상은 많은 이미지에서 발견된다. 이 지점이 바로 그로테스크와 환상성이 합류하는 그로테스크의 경계이다. 보스의 작품에서 의미의 섬세함은 환상적 의미의 부재와 혼동될 수 없으며, 이러한 의미의 섬세함으로 보스는 분해와 재구성에 있어서 대가의 면모를 보여준다. 그는 환상적 그로테스크라는 독특한 형태를 대표하는데, 이는 그를 모방하는 현대의 예술가들에게서 보이는 환상적이기만 한 것과 뚜렷하게 구분된다.

아르침볼도, 혼종에서 부조화까지

기이함에 매료되었던 화가 아르침볼도^{Arcimboldo}의 형상들이 보스 작품에서 보이는 혼종의 연장선에서 언급될 수 있다. 1562년부터 프라하에 정착한 아르침볼도는 흐라드차니 성(城)에 수집된 진기한 물건들 가운데서 자신의 재능을 발휘할 수 있었다. 아르침볼도의 작품에서 그로테스크한 혼합은 그만의 고유한 형태로 나타난다. "여러 요소로 구성된 머리들"로 특화된 이 화가는 사물의 조합에 집착했다. 그는 조개, 과일, 채소, 돌멩이나 생선같이 매우 다양한 물건들로 사람 얼굴들 연작을 구성했으며, 그의 작품에서는 생경함이 익살스러움과 뒤섞인다. 마치 마법처럼 물질로부터 인간이 불쑥 나타나는 이 형상들의 환상적인 면은 시대를 매료하였다. 보스의 경우와 마찬가지로, 아르침볼도의 그림들에 대한 해석은 우주적 상징주의의 지지자들과 이 그림들이 가진 기상천외함을 더 중시한 사람들로 나뉜다. 그의 그림에는 유희 부분과 환상 부분이 뚜렷하게 보이는데, 바로 이 점 때문에 그는 마니에리슴[7]으로 이어지는 '그로테스카' 계열로 분류된다. 이는 <채소 기르는 사람>처럼 소위 뒤집을 수 있는 그림들에서 분명하게 확인된다. 채소로 가득 찬 그릇을 거꾸로 뒤집어보면 정원사의 머리가

---

7) 역주) 유럽에서 1515년부터 약 100년 동안 유행한 예술 양식으로 기교와 세련미를 중시했다.

되기 때문이다. 아르침볼도의 역사적 중요성은 그가 환상성과 그로테스크의 경계에 자리한 부조화의 화가가 분명하다는 사실이며, 이는 현대파[8] 예술가들이 흥미를 보였던 개념이기도 하다. 벤노 가이거Benno Geiger는 1960년에 출간한 자신의 저서에『주세페 아르침볼도의 기묘한 그림들』이라는 아주 적절한 제목을 붙인다. 우스꽝스러움과 기이함을 동시에 의미하는 'skurril'이라는 단어는, 4원소 연작과 사계 연작에서 보이는 아르침볼도의 머리들에 아주 잘 어울린다. 이 작품들에서의 그로테스크는 보스의 <바보들의 배>, <십자가를 지고 가는 그리스도>, <최후의 심판>같은 그림에서 머리들이 보여주는, 환각을 일으키고 혼미스러운 그로테스크와 전혀 다르다. 게다가 아르침볼도의 부조화에는 보스에게서 보이는 기이함의 매혹적 양상이 없다. 이 그림들에는 또한 현대 그로테스크에서 나타나는 부정적이고 도발적인 면도 없는데, 그에게 부조화란 가장 멀리 떨어져 있는 요소들을 합치는 조합에 대한 믿음과 연결되어 있기 때문이다. 계(界)의 혼합과 상반되는 것들의 조합이라는 그로테스크 양식을 완성한 아르침볼도는 르네상스의 충만함과 현대 그로테스크 고유의 해체를 향한 열정 사이에서 그로테스크의 창조적 가능성을 예시한다.

▪ 브뢰헐 작품에서의 그로테스크 카니발 양상

다양한 단계로 나뉘는 브뢰헐의 예술은 그로테스크의 풍부하고 유연한

---

8) 역주) 규범적인 고전 예술에서 벗어나 자유로운 창작을 추구한 예술가들을 뜻한다.

용법에 해당한다. 그는 파티니르^{Patinir}에 필적할만한 풍경화 이후에 1557년부터 <일곱 가지 대죄>, <일곱 가지 덕목>과 같은 동판화 연작을 제작하는데, 이 작품들에는 스헤르토헨보스 출신 거장[9]의 노골성과 풍부한 창작, 창조적 자유가 나타나 있다. 명백하게 그로테스크 양식인 이 판화들에 군집과 기이함이 합류한다. 넘쳐나는 기괴함은 악과 덕을 표현하는 화가의 교훈적 주제를 잊게 한다. 작품에 나타나는 우의(寓意)들은 창작의 소재일 뿐이다. 예를 들어 보스에게서 자주 보이는 둥근 유리 지붕 하나를 뒤집어쓴 채 서로를 끌어안은 한 쌍의 남녀가 그려진 <세속적인 쾌락의 동산>에서, 기괴한 형상들 한복판에 놓인 거대한 조개껍데기는 색욕의 비유이다. 그의 작품 『성 안토니우스의 유혹』을 보면, 브뤼헐은 어쩌면 보스보다 더 분명하게 악마적인 그로테스크 화가로 보이기도 한다. 1556년 작 <성 안토니우스의 유혹>에서는 물 위에 떠 있는 거대한 머리 위에 인간들로 배를 채운 커다란 물고기의 모습이 있다. 이 머리에서는 기이한 존재들이 가득한 나무들이 자라고 있다. 그릴, 날개 달린 괴물, 발 달린 항아리, 팔 달린 가죽 부대 등이 잡다하게 한 곳에 모여져 있는 것이다. 이 그림을 보고 있자면 보스는 물론이고 라블레도 떠오르는데, 때때로 브뤼헐은 보스보다 라블레에 가까워 보인다. 브뤼헐의 작품에서 육체는 바흐친이 말한 라블레식 육체 이미지에 속한다. 그것은 우주적 육체이며 열린 육체이고 세계와 혼합된 육체인데, 바닥에 누운 세 사람이 세계 안에 녹아들어 그들을 둘러싸고 있는 사물들과 구분되지 않는 1567년 작 <게으름뱅이의 천국>에서

---

[9] 역주) 1450년경 스헤르토헨보스에서 태어난 히에로니무스 보스를 지칭한다.

볼 수 있는 육체다.

  그러나 카이저가 소외로 그로테스크 이론을 정립하는 데 있어서 보스보다 훨씬 더 큰 영향을 미친 인물 또한 바로 이 브뤼헐이다. 카이저는 브뤼헐의 그림에서 세계의 심연을 마주했을 때의 격렬한 공포, 혹은 우리에게 완전히 낯설게 느껴지는 거꾸로 뒤집힌 세상에 대한 이미지만 발견한다. 이러한 해석은 특히 <여러 교훈과 속담으로 표현된 거꾸로 된 세상>이라고도 불리는 1559년 작 <네덜란드 속담>이라는 작품에 근거한다. 이 그림이 비상식적인 일련의 행동들을 통해 세계의 광기를 보여주기 때문이다. 한 남자가 바구니에 햇빛을 담아 옮기고 있고, 다른 남자는 머리를 찧어 벽을 부수려 하고, 또 다른 누군가는 물줄기를 거슬러 수영하거나, 교회 기둥을 물어뜯거나, 야외에서 깃털을 키질하거나, 악마에게 고해 성사를 하려고 한다. 이는 분명 거꾸로 된 세계이지만, 어떤 의미로는 카이저가 세계에 부여한 의미보다 덜 비극적이다. 그림 속 장면들은 네덜란드의 속담들을 그린 것으로, 유머도 덧붙여져 있다. 한 우아한 여인은 자신의 부정(不貞)을 숨기려고 모자가 달린 커다란 푸른색 망토를 남편에게 덮어씌우고 있는데, 이 장면은 이 그림의 세 번째 제목('푸른 망토')의 유래가 된다. 우리는 여기서 새로운 그로테스크 양식을 발견한다. 그릴과 괴물들의 기괴함이 이제는 일상적 삶의 행위들에 새겨지기 때문이다. 그로테스크는 실재를 잠식하며, 브뤼헐의 그림들은 이것에 관한 하나의 방대한 목록이다. 생기와 색채로 가득 찬 <사육제와 사순절의 싸움>에서 보이듯, 세상은 때로는 대담함과 재치로 가득 찬 하나의 카니발이다. 그러나 때때로 충만함은 혼미스러움으로 변환된다. 예컨대 <광녀 마르고>의 강렬한 지옥 장면에서는 모순적인 암시들이 여럿 등장한다. 전리품을 든 갑옷 차림의 한 여인이 분노한 사람들의 무리를 전투로 이끄는 이 그림에서 우리는 바흐친이 주장한 카니발로부터 멀어진다. 그로테스크는 더욱 거칠어지고, 더욱 무미건조해지고, 더욱 신랄해지기 때문이다. 고야^{Goya}의 작품들에서 일시적으로 끝을 맞이하게 되는 변화가 천천히 시작되는 것이다.

그로테스크 실재에서 얼굴 없는 실재까지, 고야

자신이 선호한 모티프 가운데 하나로 인해 고야는 거대한 그로테스크 전통에 접목된다. 바로 카니발 모티프인데, 시장이나 축제의 활기 넘치는 카니발 또는 외양, 관습, 인간 행동 측면의 카니발을 모두 포괄한다. 이 모티프는 <변덕>(1799), <전쟁의 참화>(1810년부터), <부조화>(1820년경)라는 고야의 세 가지 판화 연작을 관통한다. <변덕>은 유머와 환상이 불안을 동반하는 여러 얼굴의 연작을 통해 복합적 그로테스크 이미지를 제공한다. 거기에는 꼬마 악마들의 익살스러운 얼굴, 원숭이를 닮은 마녀들의 얼굴, 조롱과 풍자가 결합한 당나귀들의 얼굴이 있는가 하면, 여자들의 뻔뻔한 얼굴, 구두쇠들의 환각에 사로잡힌 얼굴, 수도사들과 예언자들의 위선적인 얼굴처럼 수많은 인간의 얼굴들이 있다. 얼굴들 외에, <이성의 잠은 괴물을 낳는다>에서 보이는 것처럼, 괴물들의 모습도 있는데, 이 괴물들은 때로는 우스꽝스럽고, 부리가 달리고, 주둥이를 내밀고, 날개가 달려 있다. 하지만 진정한 기괴함은 더욱 직접적이고 더욱 단순하며 더욱 강렬하다. 그것은 바로 전쟁의 일상이 주는 기괴함으로, 인간이 공포에 사로잡혀 있음이 드러난다. <전쟁의 참화>에서 괴물-병사들이 보여주는 끔찍한 난폭성은 나중에 <검은 그림> 연작에서 나타날 몇몇 장면들의 그로테스크-환상을 예고한다. 69번 판화 <무(無)>에 훌륭하게 응축되어 있듯이, 모든 것은 무(無)라는 시각의 정점에 이르는 것이다.

무(無). 이는 확산에서 축소로, 변형에서 폐지로 이행하는 그로테스크의 최종적 단어가 될 수 있다. <부조화> 연작에서 그로테스크는 막연하면서도 신랄하다. 사실 인간의 현실은 기상천외함의 연속에 불과하다. 이 단어는 이러한 불안한 비전을 표현하기에는 너무 빈약하지만, 실존에 관여하는 해체의 움직임을 적절하게 표현한다. 고야가 젊은 시절에 태피스트리에서 다루었던 매우 명랑한 주제들은 신비롭거나 환각을 일으키는 장면으로 탈바꿈한다. <허수아비>의 밑그림에 해당하는 <여자의 어리석음>에서는 여인들의 얼굴이 불명확해지고, 꼭두각시는 거무튀튀한 덩어리와 뒤섞이며, 여인들이 꼭두각시를 튕겨 올리는 모포 위에는 당나귀가 잠들어 있다. <즐거운 부조화>는 젊음을 잃은 여인들과 음탕한 늙은이들의 익살스러운 형상들이 텅 빈 음산한 공간에서 빙글빙글 돌아가게 함으로써 <만사나레스 강가에서의 춤>의 활기찬 카툰[10]을 그로테스크 구성으로 변형시킨다. <부조화 8번 작>에서는 사뮈엘 베케트 Samuel Beckett의 『무언극』의 등장인

---

[10] 역주) 카툰 시리즈는 프란시스코 고야가 1775년부터 1792년 사이 스페인의 왕립 태피스트리 제작소의 의뢰로 그린 일련의 그림을 지칭한다.

물들처럼, '포대에 갇힌 자들'이 밤에 녹아든 희뿌연 유령들과 똑같이 자루 안에 들어가 있기도 하다.

고야의 경우, 그로테스크적 현실에 관해 말하는 것으로는 충분치 않다. 고야가 무엇인가를 변형시킨다고 말하는 것은 진부한 표현이다. 그는 비판적이거나 희화적인 변형을 훌쩍 뛰어넘기 때문이다. 아라곤 출신의 화가 고야는 보물과도 같은 형태와 색채를 창작의 중요한 부분으로 축적할 줄 알았다. 그러나 또 다른 차원에서 보면 그의 작품에서는 사실이 왜곡되는 듯하기도 하다. 이때 그로테스크는 환상으로 스며드는 것처럼 보이는데, 물론 이 환상은 고야의 몽환적 세계에서 주도적인 역할을 담당한다. 따라서 그로테스크와 환상적인 것은 보스의 작품에서와 마찬가지로 고야의 작품에서도 긴밀하게 연결되어 있다. 거대한 검은 염소 주변으로 한 무리의 우악스럽고 얼빠진 얼굴들이 흐릿하게 솟아오르는, <검은 그림> 연작에 속하는 <마법사들과 마녀들의 집회>는 공포에 관한 그로테스크 회화의 걸작이면서도 그로테스크가 그 공격적인 가치를 조금도 잃지 않은 작품이다. 어둠으로의 스며듦은 아마도 고야에게 있어서 궁극적 일탈을 통해 당시의 폭력과 허무를 가장 잘 표현할 수 있는 수단이었을 것이다. 삶의 카니발은 이제 죽음의 카니발로 변모한다. 이러한 변화는 1794년 작 <정어리의 매장(埋葬)>에서 아주 분명하게 드러난다. 작품의 제목은 민중의 축제를 암시하지만, 사실 그것은 눈과 입을 표현한 검은 구멍들과 붉은 삼각형이 그려진 똑같은 가면을 쓴 사람들이 뒤틀린 육체로 춤을 추는 죽음의 무도(舞蹈)다. 브뤼헐은 집단이나 군중들을 그린 그림들을 통해, 반들반들하고 둥글고 서로 비슷한 얼굴들에서 나타나는 그로테스크에 우리를 익숙해지게 했다.

그러나 여기에서의 획일성은 차원이 다르다. 검은색이 흰색과 붉은색을 침식하는 이 그림에서, 인물들은 앙소르^{Ensor}의 가면들과 매우 비슷하게 하나같이 찌푸린 표정으로 경직되어 있으며, 이미 다른 시대의 것이 되어버린 그로테스크를 지니고 있다.

문학에서의 '기괴한 것'을 향해, 셰익스피어의 예

이제까지 확인한 그로테스크와 환상성 간의 관계를 짧게 간추려보자. 이들 둘은 확산과 긴장, 양면성, 불확정이라는 공통점을 갖기에, 때로는 동일 비전의 단순한 변종으로 나타날 수 있다. 이들의 독자성은 '실재'와 맺는 관계가 다르다는 데 있으며, 그로테스크는 실재를 변형하거나 축소하기 위해 실재에 의지하는 데 비해, 환상성은 실재에 무관심하다. 실재와의 관계는 의미와의 관계로 이어지며, 이 의미는 환상성에서는 배제되어야 하나, 그로테스크에서는 절대로 멈추지 않으며 항상 열려 있고 유동적인 섬세한 형태로 존재한다. 한편 몽환 상태는 환상성에 속하지만, 그로테스크를 풍요롭게 만들 수도 있다. 우리가 이미 조형예술에서 살펴본 적 있는 이 협력 관계에 관해서는 셰익스피어의 예를 들어볼 수 있는데, 영국의 비평가 판햄^{Farnham}은 저서 『셰익스피어의 그로테스크』(Oxford, 1971)에서 기괴함의 개념으로부터 이 관계를 분명히 밝히고 있다. 첫 번째 장의 제목인 <아름다운 기형>은 11세기 프랑스 신학자 베르나르 드 클레르보$^{Bernard\ de\ Clairvaux}$에게서 인용한 것이다. 중세 예술에 해박한 판햄은 고딕 시대에서 출발해서, 희극성이 기괴함 한가운데서 한 자리를 차지했던 이 시기에 천착한다. 이 점은 기괴함의 대립적 특성을 더욱 강조하며, 그가 보기에 그 특성은 대립하는 힘들의 혼합이며, 극(劇)과 그로테스크의 관계는 바로 거기서 나타난다. 이러한 시각으로 그는 기괴함의 긴장과 그로테스크 컬렉션을 발견하는데, 이 컬렉션은 매력과 혐오감을 동시에 불러일으키는 팔스타프의 야수성부터 햄릿의 장황한 독백 속의 완전히 다른 형태의 기괴함까지를 망라한다. 빅토르 위고$^{\text{Victor Hugo}}$를 비롯한 많은 사람은 셰익스피어를 그로테스크와 관련된 문제들의 핵심으로 파악한다. 망상이 만연하고 숭고함이 우스꽝스러움과 인접한 셰익스피어의 세계에서 그로테스크는 다양한 면모를 보인다. 이에 대해서는 나중에 더 자세히 다룰 것이다. 지금은 그로테스크와 희극성이라는 또 다른 연합관계를 살펴볼 차례이다.

2장 유희적 그로테스크와 그로테스크한 풍자, 라블레와 스위프트

16, 17세기에 부각하는 그로테스크의 개념

아주 오랫동안 그로테스크라는 단어는 장식기법과 연결되어 있었다. F. K. 바라쉬는 르네상스 시기에 활동한 라블레, 몽테뉴, 롱사르와 여타 작가들이 그로테스크 장식을 참조하는 대목들을 인용하며 이에 관한 분명한 예를 제공한다. 그로테스크 개념이 문학 영역으로 확장되고 'grottesque'가 'grotesque'로 바뀐 것은 조형예술을 통해서이다. 하지만 새로운 그로테스크에도 실재적인 정체성은 없었다. 그리고 이 그로테스크는 희극의 하위 형식들과 동일시되기도 했다. 유스투스 뫼저Justus Möser가 『아를르캥 또는 그로테스크 희극에 대한 옹호』를 출간한 1761년 이르러서야 비로소 그로테스크를 하나의 독자적이고 긍정적 개념으로 정의하려는 시도가 이루어진다. 18세기 말이 되기 전까지는 이론적 암시조차 드물었으며, 그나마도 문학의 그로테스크에 관해 대략의 정의를 내리는 데 아무런 도움이 되지 못했다. 오직 작품에 대한 분석만이 뷔를레스크, 캐리커처, 풍자 같은, 마찬가지로 평가절하된 인접 개념들로부터 그로테스크를 차별화할 수 있는 독창성을 밝히는 데 도움이 될 뿐이었다.

뷔를레스크부터 유희적 그로테스크까지, 라블레

가장 먼저 우리의 눈길을 끄는 것은 뷔를레스크인데, 그 이유는 이 단어가 바흐친의 주장에도 불구하고 오랫동안, 그리고 여전히 라블레의 세계를 설명하기 때문이다. 그렇다면 라블레의 경우 그로테스크는 뷔를레스크의 또 다른 형태일까?

뷔를레스크를 정의하기 전에, 중세의 익살스러운 작품들(이야기와 연극)에서 뷔를레스크의 존재를 우선 확인해야 한다. 뷔를레스크는 소극(笑劇)과 홍소(哄笑)에 관련된 것으로, 라블레는 이를 경시하기는커녕 오히려 폭넓게 사용한다. (무엇보다도 특히 신체의 여러 부분과 관련해서) '상부'를 암시하기 위한 '하부'의 일관적 선택 그리고 현저한 상스러움 때문에 뷔를레스크라고 불리는 상황과 이미지가 15세기 카니발 유희에는 넘쳐난다. 이러한 똥과 오줌의 언어에는 라블레가 유용하게 사용했던 역동성이 이미 내재해 있다. 하지만 라블레의 작품에서는 이러한 위와 아래, 상부와 하부의 변증법이 매우 독창적인 형태로 나타난다. 1794년 『뷔를레스크의 역사』에서 카를 프리드리히 플뢰겔Carl Friedrich Flögel은 뷔를레스크를 웃음을 유발하려는 목적으로, 상스러운 언어와 하층민의 풍속에 대한 암시를 통해, 일체의 '거창하고 중요한 현실'을 격하시키는 경향으로 정의한다. 그는 스카롱Scarron의 『변장한 베르길리우스』를 뷔를레스크의 한 예로 제시하며, 이를 『개구리와 쥐의 싸움』이 대표하는 호메로스의 영웅희극 문체와 대립시킨다. 그의 주장에 따르면 라블레는 뷔를레스크 작가다. 18세기 문학에 대해서는 영국 비평가 리치몬드 본드$^{Richmond\ P.\ Bond}$가 "문체와 주제 사이에 괴리가 생성되어 희극적으로 된 진지한 문체의 사용 또는 모방"(톰센 1, 104쪽)이라고 정의한 바 있다. 여기에서도 플뢰겔에게서와 마찬가지로 뷔를레스크는 패러디와 풍자의 기본적 형태로 나타난다. 중세와 르네상스 시대의 '풍자적' 작품들 대부분에서 뷔를레스크의 의미는 이것이다. 라블레도 풍속, 양식, 언어, 모든 위선적 권위 형태들을 패러디하면서 끊임없이 패러디와 뷔를레스크를 결합한다. 하지만 그러면서도 라블레는 당시 패러디의 제한적 형태 가운데 하나였던 뷔를레스크의 용법을 크게 변화시킨다. 라블레의 천재성은 조롱의 방식들을 서로 결합하고 상승효과를 만든 데 있는 것이다. 그는 '상부'를 격하시키는 동시에 '하부'의 언어에 새로운 힘을 부여하는데, 그럼으로써 웃음이 고조될 뿐만 아니라, 진정으로 그로테스크라고 말할 수 있는 위계질서의 전복이 마련된다. 치밀한 계획을 갖고 시대의 오류를 비판하면서 새로운 가치를 확립하려고 한 인본주의자로만 라블레를 규정하기는 어렵다. 모든 측면에서 위선과 공적인 어리석음을 공격하고, 위선적인 문화, 종교, 권력의 대표자들을 (각각 소르본 대학 학장 자노투스 드 브라그마르도 또는 엉터리 시인 브리두아, 라미나그로비스, 피크로콜 왕 같은 작중인물들을 통해) 비판하는 작품에서 이러한 양상이 없는 것은 물론 아니다. 그러나 라블레는 결코 설교자가 아니다. 1585년에 라블레의 『가르강튀아』 제1권을 개작했던 알자스 출신의 인본주의자 요한 피샤르트$^{Johann\ Fischart}$나 피카레스크 양식의 소설가들 같은 그의 후계자들에게 영향을 미친 모럴리스트의 작업도 그와는 거리가 멀다. 라블레의 작품에는 패러디와 풍자가 가진 어떤 힘이 존재하는데, 이 힘은 그 시대의 패러디와 풍자를 다룬 담론과는 공통점이 조금도 없다. 라블레를 특징짓는 것은 방탕한 상상력이라기보다는 희극적 변형을 가져오는 비범한 천재성이라고 할 수 있으며, 이 능력 덕분에 그의 시각은 가공할만한 힘을 갖게 되고, 그가 열정적으로 공격하는 모든 영역이 아무것도 아닌 것이 되어버린다.

   라블레가 똥과 오줌 그리고 카니발의 언어를 선택한 것은 뷔를레스크적 환상이 아니다. 실제로 그는 이러한 언어를 스콜라적 세계 그리고 모든 지식 세계의 사람들이 사용하는 비현실적 언어에 대립시킨다. 그로테스크는 바로 이러한 대립에서 탄생하며, 이때의 그로테스크는 유례가 없을 정도로 신랄하다. 왜냐면 그 신랄함은 늘 제한된 표적 너머까지 영향을 미치며 현실 전체를 차츰차츰 포괄하기 때문이다. 이러한 변형은 항상 희극적이고 절대로 완결되지 않기에 그만큼 더 전복적이다. 필립 톰슨의 아주 정확한 지적처럼(『그로테스크』, 21쪽), 그로테스크 대립의 본질적 요소 가운데 하나는 그것이 절대 해결되지 않는다는 것이다. 라블레는 불확정성이라는 엄청난 힘을 자유자재로 사용하는데, 이는 그가 언제나 검열의 덫을 피할 수 있었던 이유이기는 하지만, 그것은 권력의 위협에 대항하는 하나의 신중한 조치, 하나의 단순한 변증법적 속임수 그 이상이다. 라블레의 『제3서』에서 작중인물 파뉘르주는 결혼에 관해 조사를 진행하지만, 이 조사는 결론 없이 계속 연장되면서 마치 소극(笑劇)처럼 보이는데, 이는 광인(狂人)들이 현자들보다 더 나은 해결책을 제공하지 않는 세계 안에서 그로테스크의 움직임 자체를 되찾는다.

 공격적이지 않은 유희나 화려한 상상의 전개(라블레의 '경이')처럼 보이는 이 불확정성은 사실상 특별한 침식과 공격의 방식이기도 하다. 라블레의 묘수는 또한 유희와 풍자를 긴밀하게 결합한 점인데, 좀 더 정확하게 말하면 유희를 최고의 풍자 형태로 만들었다는 것이다. 예를 들어 스콜라 철학의 담론을 무너뜨리기 위해, 그는 그 담론을 극화하고 시각화하여, 웃음을 불러일으킬 수밖에 없는 유치하고 우스꽝스러운 일련의 이미지들로 변형시킨다. 이러한 유희가 끝나면, 오로지 언어의 공백만 남게 되고 스콜라 언어의 트림 소리만 가득할 뿐이다. (아마도 이오네스코는 언어를 해체하면서 이 방식을 기억했을 것이다.) 이쯤 되면 라블레의 세계는 전복될 수 있을 것 같고, 사람들은 볼프강 카이저의 범주들을 그에게 적용하고 역동적 도약 이면에서 일탈의 한 형태, 비일관성을 향하는 불안한 활주의 한 형태를 발견하려는 유혹을 느낄 수 있다. 하지만 이는 분명한 오류인 것이, 라블레의 업적은 모든 형태의 허무주의로부터 구별되는 비범한 활력을 그로테스크 안에 보전할 줄 알았고, 그것에 일종의 숭고함마저 부여했다는 데 있기 때문이다. 라블레의 능변에 관한 탁월한 분석가인 한스 로베르트 야우스Hans Robert Jauss는 "부정성이라는 현대 미학의 범주"로는 그에 대해 평가할 수 없다고 매우 적절하게 지적한다(『미적 경험과 문학해석학 1』, München 1977, 282쪽). 그렇다고 해서 라블레의 그로테스크가 장차 그로테스크의 진정한 형상이 되는 혼미스러움과 아주 가깝다는 점을 부인할 수 있는 것은 아니다.

유희적 그로테스크에서 그로테스크 풍자까지, 스위프트

스위프트는 일반적으로 라블레의 계승자로 여겨진다. 그러나 이들 사이에는 차이도 상당한데, 16세기 프랑스와 17세기에서 18세기로 전환되는 영국이 다른 상황이기 때문만은 아니다. 스위프트는 일면 라블레를 계승하면서도 새로운 그로테스크 양식을 만들어내고 있다.『걸리버 여행기』(1726)를 읽으면, "스위프트는 건조한 곳에 사는 라블레의 영혼이었다"라는 콜리지Coleridge의 유명한 말을 떠올리지 않을 수 없다. 실제로『가르강튀아』와『팡타그뤼엘』의 풍요로움과 비교해볼 때, 스위프트의 작품은 건조한 느낌을 주기 때문이다. 이 건조함은 당시의 악습들을 정확하게 겨냥하면서 투쟁을 주도하는 풍자글 저자로서의 스위프트로부터 기인한다.『걸리버 여행기』는 스위프트의 영국에 대한 노골적 암시들로 가득 차 있다. 편협, 부패, (소설에서 트라멕산 당과 슬라멕산 당으로 표현된) 고(高)교회파와 저(低)교회파 간의 분쟁, 걸리버에게 제기된 모든 소송에서 보이는 고발 풍토 등이 그 예이다. 소인국 릴리펏은 조지 국왕의 궁정이다. 다리를 저는 황태자는 웨일스 왕자의 형제이다. 재무대신이자 정치적 수완이 좋은 플림냅은 정치가 월폴과 매우 유사하다. 빅 엔디안과 스몰 엔디안 간의 분쟁은 개신교도와 프랑스(소설에서 블레퍼스큐 왕국)의 지원을 받는 가톨릭교도 간의 분쟁이다. 잉글랜드에 의한 아일랜드 지배는 천공의 섬 라퓨타와 이 섬이 지배하는 발니바르비의 관계로 형상화된다. 소설은 구체적인 대상에 대한 암시를 넘어서 영국의 체제 전체를 겨냥하는데,

영국인의 역사에 대한 걸리버의 찬사 끝에 거인국의 왕은 이 종족 전체가 "자연이 지표면을 기도록 절대로 허락하지 않았을 가장 추악한 작은 벌레"를 낳는다고 결론짓는다. 만일 우리가 비판적이고 다소 교훈적인 지적 태도가 표출되는 문학의 한 장르, 그리고 종종 그 경계를 정확하게 구분하면서 원칙적으로 희극적 기상천외나 상상적 횡설수설을 금지하는 문학의 한 장르로 풍자라는 어휘를 이해한다면, 『걸리버 여행기』는 분명히 하나의 풍자이다.

그런데 풍자는 복합적인 개념이고 오랫동안 잘못 정의되었다. 라블레의 웃음에 매우 폭넓게 영감을 받았던 슈니간스^{Schneegans}가 1894년에 출간한 『그로테스크 풍자의 역사』에서 보이듯, 풍자는 다양한 뷔를레스크 형식들과 자주 혼동되어왔다. 현대의 연구자들은 비판적 시각의 폭과 보편성에 맞춰 풍자의 여러 층위를 고찰한다. 1944년에 노드롭 프라이^{Northrop Frye}는 '하부 형식의 풍자'와 '상부 규범의 풍자'를 구분하는데, 후자는 다분히 알레고리를 능가한다. 이 형식들은 스위프트에게 잘 들어맞긴 하지만 모든 가능성을 남김없이 설명하지는 않는다. 스위프트의 작품에서는 풍자가 때로는 라블레에 가까운 뷔를레스크와 스스로 재창조한 그로테스크 사이를 오가며 다양한 방식으로 전개되기 때문이다.

스위프트는 단순히 신랄한 모럴리스트가 아니다. 『걸리버 여행기』에서 중요한 것은 유희적 양상이다. 작가는 라블레의 거인주의 특징들을 보존하여 주인공에게 엄청난 식욕을 부여하고 화재 진압을 위해 왕궁에 오줌을 누게 만드는 한편, 거인국의 음탕한 거인 시녀들이 주인공을 자신들의 젖

꼭지 위에 걸터앉혀 쾌감을 느끼는 모습을 그리면서 유머와 외설을 결합한다. 배설물은 제1권에서 제4권에 걸쳐 매우 다양한 뉘앙스로 나타난다. 그리고 바흐친이 말한 그로테스크한 육체의 몇몇 양상들이 때로는 라블레의 환상과 함께 보인다. 오목함과 볼록함으로 세계와 뒤섞인 육체들이다. 분명히 스위프트는 뷔를레스크를 즐겨 사용하지만, 소인국에서는 거인인 걸리버를 거인국에서는 아주 작은 난쟁이로 바꿔버리면서 그가 관점을 역전시킬 때, 유희는 한층 더 교묘하게 나타난다. 라블레의 작품에서 인간은 거인과 어깨를 나란히 하고, 파뉘르주는 팡타그뤼엘과 함께 다닌다. 반면에 스위프트 작품에서는 거인과 소인 사이를 오가는 끊임없는 움직임이 있으며, 이러한 유희는 진정한 그로테스크 경향으로 인해 혼미스럽게 만드는데, 이것은 라블레의 인물들에서 특징적으로 나타나는 팽창과 확장으로 기인한 혼미스러움과는 다르다. 두 작가의 작품들에서 모두 풍자는 그로테스크로 변모하지만, 라블레는 풍자를 줄곧 유희와 긴밀하게 결합하면서 과장의 정도 자체에 따라 활기가 더해지는 풍자의 특성을 유지한다. 라블레의 불확정은 스위프트 작품에서는 또 다른 형태로 나타나는데, 이는 아마도 상대성에 대한 매우 영국적인 의미 그리고 (아일랜드에서 기원한 듯한) 아주 거친 조롱과 연결된다고 할 수 있다. 라블레의 작중인물들은 일종의 그로테스크한 경이(驚異) 안에, 즉 풍부함과 거대함 안에 쉽게 자리를 잡는다. 반면 스위프트의 세계에서는 모든 것이 전도되고 역전되며, 웃음 옆에서 불안이 생겨난다. 라블레의 작중인물들은 과도함 안에서 존재가 드러난다. 하지만 거인이자 소인인 걸리버는 결국 자기 정체성을 잃게 된다. 스위프트의 세계는 새롭고 부정적인 의미에서 그로테스크가 되는 것이다. 이렇듯 라블레 작품에서 기상천외했던 것이 스위프트 작품에서는 부조리가 된다. 이 새로운 그로테스크를 표현하기 위해 스위프트는 라블레의 충만함과는 전혀 다른 문체를 구사한다. 『걸리버 여행기』 제3부에서는 라가도 아카데미 회원들이 『팡타그뤼엘』 제5서에 나오는 캥트 에상스 장교들의 행동을 연상시키는 행위에 몰두한다. 그러나 라블레는 "위대한 것은 무(無)로부터 만들어졌고, 위대한 것들은 무로 되돌아갔다"(『라블레 전집』, La Pléiade, 1941, 832쪽)는 이 위대한 정신을 묘사하기 위해, 독자들의 웃음을 자아내는 터무니없는 일들을 뷔를레스크 방식으로 열거하는 눈부신 작업에 열중한다. 그는 언어의 창조라는 새로운 발명이 주는 짜릿함에 빠진 것이다. 반면에 스위프트는 우선 학자들의 노력과 연구에 참여하는 것처럼 극도로 진지하게 마찬가지의 엉뚱한 행동들을 묘사하지만, 그것은 그들의 행동이 전적으로 부조리하다는 점을 마지막에 급작스러운 반전을 통해 폭로하기 위해서다. 이 유형의 전형적인 예는 단어의 폐지와 사물 언어의 채택을 묘사하는 장면으로, 여기서 이러한 주장의 신봉자들은 토론해야 할 모든 사물이 들어 있는 아주 커다란 보따리를 등에 지고 다녀야만 한다. "불을 칼로 자르고", "벼룩들의 뜀뛰기 높이를 정성껏 재는"(같은 책, 832쪽) 라블레의 작중인물들과 달리, 스위프트의 광신도들은 단지 환상의 산물로만 보이지는 않는다. 스위프트는 고도로 지적인 기획 아래, 그리고 보편적으로 인간 이성의 활동 아래 감추어진 착란을 탁월하게 드러낸다. 라블레의 풍부한 재치가 강력하고 잔인한 유머로 계승되어 그로테스크에 사용되는 것이다. 그리고 이러한 그로테스크는 마치 하나의 콘텐츠처럼 여겨져서 전 세계를 침공할 가능성을 갖게 된다. 스위프트는 인간의 착란에 대한 이례적인 증인이 되는데, 그는 아이들을 음식으로 모습을 바꾸자고 이야기하는 『아일랜드에서 빈민층 아이들이 부모에게 짐이 되는 것을 피하기 위한 겸손한 제안』(1729)처럼 훌륭한 풍자글에서 이러한 착란을 고발하기도 한다. 그것은 볼테르의 아이러니나 구체적이고 제한적인 풍자와는 거리가 멀다. 그로테스크의 역동적 양가성은 인간의 행위와 결합한 불안한 중의성에 자리를 내주게 된 것이다. 스위프트 작품에서 증식은 역방향의 증식이며, 소인증(릴리퍼티즘)은 처음에는 우스꽝스러움의 원천으로 나타나지만, 제4권에서 야후족[11]의 역겨운 세계에서 표출되는 인간의 무지에 대한 상징이 된다. 이 세계에서 배설물은 왕처럼 만능이지만, 그 어떤 뷔를레스크의 의미도 갖지 않는다. 야후족의 동물성은 바흐친이 묘사하는 생명력과는 아무런 관련이 없다. 이 동물성은 그저 역겨울 뿐인데, 인간과 동물의 혼혈로 추악하고 혐오스럽게 묘사되기 때문이다. 그러나 이는 금욕주의나 도덕과는 무관하다. 그로테스크는 여전히 활발하게 기능하고, 미움받는 야후족과 사랑받는 후이넘족[12] 간의 대립에서, 현실의 원숭이들과 이상 세계의 말들 간의 대립에서 터져 나온다. 이 말들 또한 유머러스하게 그려지며, 말들이 자신들의 고유한 본질을 무슨 일이 있어도 지켜내려는 고민은, 예컨대 자신들의 숭배자를 추방하는 일처럼, 그들 스스로 비난하는 악

---

11) 역주) 『걸리버 여행기』에 등장하는 종족으로 더럽고 역겨운 관습을 가지고 있다.
12) 역주) 『걸리버 여행기』에 등장하는 말 종족으로 이상적인 종족으로 묘사되어 있다.

습을 실행하도록 만든다.

하나는 숭고함에 속하고 다른 하나는 혐오스러움에 속하는 두 개의 극단적으로 상반되는 영역의 사용은 매우 미묘한 그로테스크 의미에 해당한다.

『걸리버 여행기』는 라블레의 그로테스크로부터 매우 독창적인 형태의 그로테스크로 이행하는 과정을 훌륭하게 그려내며, 이 독창적 그로테스크는 뷔를레스크와 풍자, 증식과 축소를 결합하고, 유머를 블랙 유머로 변모시키며, 가장 신랄한 현대적 그로테스크와 매우 유사하다.

3장 캐리커처와 그로테스크, 칼로에서 도미에까지

뷔를레스크의 연장선상에서 캐리커처를 살펴보면 그로테스크의 변화과정이 드러난다. 캐리커처는 과장(이탈리아어 'caricare'에서 유래)의 예술이며, 적어도 과잉과 왜곡이라는 측면에서 그로테스크와 분명한 유사성을 갖고 있다. 희극과 관련된 모든 표현양식이 그러하듯, 캐리커처는 오랫동안 불확실한 개념으로 남아 있었다. 1865년에 출간된『문학과 예술에서 캐리커처와 그로테스크의 역사』에서, 토마스 라이트Thomas Wright는 풍자나 그로테스크를 캐리커처와 제대로 구분하지 못하고 있다. 빌란트Wieland는 1775년의『빌란트와 아무개 목사의 대화』를 통해 아마도 최초로 캐리커처와 그로테스크의 유의미한 대면을 실현한 인물일 것이다. 그는 캐리커처의 세 가지 유형을 제시한다. 자연의 모방에 그치는 '사실적' 캐리커처, 변형하지만 모델의 의미를 유지하는 '과도한' 캐리커처, 희극성이나 공포 안에서 환상적 상상력에 전념하는 '환상적' 캐리커처 혹은 '그로테스크 작품들'이다. 그로테스크의 근거를 희극성의 증대와 상상계에서 찾는 빌란트의 분석은 이미 현대적이다. 어쨌든 캐리커처라는 수단을 통해 그로테스크의 새로운 양상들을 발견하는 것은 흥미로운 일이다. 우리는 이를 세 단계로 나누어 살펴볼 것이다. 그로테스크의 변화과정에서 결정적인 역할을 했던 칼로의 예술, 캐리커처를 만들고 그것을 넘어선 호가스의 예술, 캐리커처를 새로운 창작의 출발점으로 삼았던 도미에의 예술이다.

칼로(1592-1635)의 그로테스크 희극

자크 칼로Jacques Callot는 다양한 재능의 소유자다. <성 안토니우스의 유혹>을 그린 화가로서 그는 보스, 브뤼헐과 함께 환상적 그로테스크 계열로 분류될 수 있다. 하지만 마르셀 브리옹이 지적하듯, 로렌 출신의 이 화가는

> "<성 안토니우스의 유혹>을, 피렌체와 파리의 두 가지 버전에서, 공포보다는 웃음을 유발하는 한 편의 동화처럼, 비비에나Bibbiena 집안의 예술가들[13]과 부르나치니Burnacini[14]도 좋아했던 비행체를 많이 사용해서 일종의 죽음 오페라처럼 취급한다"(『환상 예술』, 114쪽).

이 인용문은 바로크 양식 연출가로서의 자크 칼로의 재능을, 그리고 움직임과 우스꽝스러움과 기발함을 특징으로 하는 그로테스크 개념을 이해하게 해준다. 칼로의 작품에는 희극적 발견과 즉흥, 그리고 코메디아 델라르테로부터 영향을 받은 듯한 곡예와도 같은 익살이 넘쳐난다. 코메디

---

13) 역주) Giovanni Maria Galli da Bibbiena. 이탈리아 비비에나에서 출생한 화가이며, 그의 후손들은 3대에 걸쳐 17, 18세기의 예술가와 건축가로 활동했다.
14) 역주) 17세기 이탈리아 출신의 예술가로 건축가, 무대 미술가, 무대 의상 디자이너로 활동했다.

아 델라르테 극단 그리고 판탈로네[15], 고비[16], 특히 잔니(어릿광대) 같은 등장인물들은 1615년 이후 피렌체에서 그에게 모델의 역할을 한다. 코메디아 델라르테의 경향은 즉흥성, 그로테스크적 춤, 악마에 홀린 움직임이 혼합된 <스페사니아의 춤> 연작에 생명력을 불어넣는다. 민중의 축제를 소재로 삼은 이 그로테스크 작품에서는 지배적 희극 요소가 극단적인 운동성과 경쾌함과 결합하는데, 바흐친이 제시한 범주가 이 작품의 분석에 아주 적절하다. 극대화된 과장이 넘쳐나는 유쾌한 육체의 희극성이 바로 그것이다. 자크 칼로는 코메디아 델라르테의 리듬과 가면을 유지하고, 인간의 얼굴을 조류 가면으로 바꾸며, 그가 영향을 받은 16세기 이탈리아 캐리커처 양식을 새롭게 만드는 독보적인 경쾌함을 이 얼굴들에 부여한다. 당시 사회의 몇몇 양상들을 확대경을 통해 집중적으로 조망하는 경향을 수용한 것이다. 그러나 칼로는 무엇보다도 그로테스크 양식의 창조자이다. 그의 <변덕들> 연작(1619)은 이탈리아 기교파의 모든 환상적 상상력, 비현실성, 원근법의 능숙한 활용, '뱀 형상'을 그대로 가지고 있다. 그는 바로크 양식의 움직임을 계승하지만, 과잉은 물려받지 않는다. 볼프강 카이저는 『칼로 풍의 환상 소품집』에서 인용한 호프만의 글을 근거로 삼아 칼로의 쾌

---

15) 역주) Pantalone. 코메디아 델라르테의 등장인물. 베네치아 출신의 탐욕스러운 늙은 상인으로 의심이 많은 호색한이다. 매부리코에 길고 뾰족한 턱수염이 달린 가면을 쓰며, 몸에 꽉 끼는 붉은 옷에 검은 외투를 입었다. 프랑스에서는 판탈롱이라고 부른다.
16) 역주) Gobbi. 판탈로네와 함께 코메디아 델라르테의 등장인물이다. 자크 칼로의 판화에 등장하는 등이 굽은 난쟁이로 칼을 차고 다니며, 바이올린이나 플루트를 연주하기도 한다.

활함에 숨겨진 은밀하고 악마적인 깊이를 찾아내려 한다. 물론 칼로의 <전쟁의 비참함>에서 진지함을 찾아볼 수 없는 것은 아니지만, 이 거칠고 강렬한 이미지들에서는 고야의 <전쟁의 참화>에서와 같이 환각에 사로잡힌 폭력이 나타나지는 않는다. <고비> 연작을 통해 풍자적이고 비판적인 모습을 보여주는 칼로는 인물들에게 익살스러움을 부여하며, 작품 속 부랑자들은 인간의 비참함을 단도직입적으로 포착하고 표현한다는 점에서 장중하고 즉각적인 사실주의와 연결되어 있다. 그로테스크 측면에서 칼로는 무엇보다도 생기 넘치는 팬터마임 화가라고 할 수 있으며, 바로 이 점이 호프만을 비롯한 낭만주의자들을 매료시켰고, 보들레르가 그로테스크의 본질이라고 여겼던 혼미스러움을 불러일으킨다.

호가스의(1697-1764) '알싸한' 그로테스크

호가스Hogarth의 예는 캐리커처가 그로테스크 형태로 발전하는 과정을 잘 보여준다. 그는 흔히 캐리커처의 대가로 여겨지며, 여러 비평가가 그의 작품들부터 캐리커처의 계보가 시작된다고 말한다. 하지만 호가스는 캐리커처 작가로 불리기를 끈질기게 거부했다. 하지만 그가 거부한 것은 이탈리아 캐리커처, 더 정확히는 칼로가 능수능란하게 사용했던 바로 그 캐리커처다.

호가스의 작품은 매우 다양하고 매우 풍부하며 난해하다. 그리고 호가스에 대한 동시대인들의 찬사에는 종종 유보적 시각이 섞여 있기도 하다. 호가스에게 적절치 않게 적용된 '희극성의 매장(埋葬)'이라는 표현을 보들레르는 찬양의 의미로 역전시키지만, 그런 그도 호가스의 작품에 "차갑고, 알싸하고, 음울한" 양상이 있다는 것을 인정한다. '알싸한(astringent)'이라는 단어는 호가스의 스타일의 특징인 독특한 신랄함을 아주 적절하게 표현한다. 그의 작품에서 그로테스크의 형태는 매우 다양하게 나타난다. 1726년에 출간된 버틀러Butler의 풍자시집 『휴디브라스』에 실린 삽화들은 과잉과 왜곡의 양식을 자유자재로 구사하는 호가스의 능력을 보여준다. 2부작 그림 <맥주 거리와 진 골목>을 보면, <맥주 거리>에서는 라블레식이라고 할 만한 풍요로운 그로테스크가, 그리고 <진 골목>에서는 악몽에 대한 이미지가 차례로 나타난다. 1748년 작 <칼레의 문>은 그로테스크한 인물들의 행렬을 보여준다. 창백하고 허기진 푸줏간 주인, 그가 들고 있는 커다란 고깃덩이에 눈독 들이는 뚱뚱하고 음탕한 수도사, 얼빠진 얼굴을 한 비쩍 마른 병사들, 고야의 <변덕>에서 나타나는 마녀들과 닮은 데다가 상스러우며 원숭이를 닮은 생선 장수들. 하지만 이 그림은 전혀 몽환적이지 않다. 여기서 호가스의 상상적 이미지들을 풍요롭게 해주는 것은 심술궂음이다. 비판적 양상과 희극적 양상이 밀접하게 뒤섞여 새로운 그로테스크 특성으로 용해되는 것이다.

이따금 그는 자신의 상상을 열어젖히면서 기상천외하면서도 희극적인 구성들에 몰두한다. 그로테스크 혼합의 모든 방편이 동원되어 무질서한 종교의식을 묘사하는 1762년의 판화 <맹신과 미신, 그리고 광신>이 그 예다. 이 작품은 멍청하고 얼빠진 얼굴들과 음흉하고 고집스러운 얼굴들로 가득 차고 성스러운 표지들이 곳곳에 보이는 난장판 같은 어느 교회의 모습을 그리는데, 여기서 이 얼굴들은 법열에 빠진 감리교도의 공허함을 표현하는 변이형과 다름없다. 그러나 이 군집 이미지는 매우 우스꽝스러우며, 이는 '초현실적'이라고 말할 수 있는 다음의 세부 사항들에서도 예외가 아니다. 지구본이면서 얼굴이면서 색인의 모습을 동시에 가진 샹들리에, 기절한 아가씨의 치마 속에서 튀어나오는 한 무리의 토끼, 독실한 뇌에 꽂힌 온도계. 이러한 예들은 호가스가 다방면에 재능이 있었음을 보여준다. 그는 과잉과 왜곡이라는 원칙을 충실히 따랐지만, 결코 그것에 굴복하지는 않았다. 이와 관련해서 캐리커처의 그로테스크 정신에 대해서 언급하자면, 현실을 노골적이면서도 의미심장하게 파악한다는 것이 그 특징이다. 1728년 작 <잠든 신자들>에서 강조된 상스러운 모습이 그 예이다. 호가스는 희극성을 환상적인 것과 몽환적인 것으로 희석하는 것이 아니라, 한 사회를 그려내는 데 적합한 신랄함으로 그 희극성을 밀고 나간다. 이와 관련해서, 장자크 마이유Jean-Jacques Mayoux는, 두 가지 이야기를 일상의 몸짓들을 통해 비장하지 않게 그려낸 연작 <매춘부 일대기>와 <난봉꾼의 행각>에서의 움직임을 분석하면서 매우 적절하게 아리스토파네스 풍의 희극을 언급한다(『영국의 회화』, 47쪽). 이 두 작품에서 그로테스크는 인간의 행위에 관한 신랄한 이미지들과 연결된다. '현실'의 행위들은 일련의 그로테스크한 관습이며, 캐리커처가 실재의 왜곡이 아니라 현실의 심층구조에 관한 이해를 가리킨다는 의미에서 세상을 그리는 진정한 화가는 캐리커처 화가일 수밖에 없다. 그로테스크와 캐리커처 그리고 사실주의는 서로를 지향하는 것이다.

도미에, 유쾌한 캐리커처에서 슬픈 그로테스크까지

캐리커처 양식의 과도함에 대한 반작용이 아니라 '현실'을 더욱 잘 표현하기 위한 캐리커처의 사용이라고 사실주의를 이해할 때, 도미에(1808-1879)는 이러한 사실주의 개념을 확증해주는 예라고 할 수 있다.

호가스와 마찬가지로, 도미에는 그로테스크 희극성의 온갖 양식들을 자유자재로 사용한다. 그는 라블레처럼 혹평과 유머러스한 시각을 결합하는 데 능통한데, 예컨대 <고대사> 연작에 등장하는 고대 그리스·로마의 거물들은 "무대 뒤에서 담배를 피우고 있는 비극 작가들의 늙은 몸뚱어리를 상기시키듯 우스꽝스럽고 못생기게 표현된다"(보들레르). 라블레의 『팡타그뤼엘』 제30장[17]에서 에피스테몽이 지옥에서 만나는 영웅들의 익살스러운 목록이 길게 제시되는데, 그 일부만 인용하자면, 알렉산더는 제화공, 아킬레우스는 심술쟁이, 헥토르는 소스 도둑, 클레오파트라는 양파 중매인으로 되어 있다. 도미에게서 이러한 목록이 재발견된다.

바로 이 지점에서 도미에의 정신은 라블레의 세계와 만난다. 그것은 환상을 모조리 휩쓸어 가버리는 그로테스크의 소용돌이 안에서 일어나는 위계질서들의 전복이다. 이 정신은 1832년부터 1834년까지 잡지 『샤리바리』에 실린 일련의 유명한 초상화들에서, 그리고 1848년부터 1850년까지 <캐리커처로 표현된 정치인들> 연작에서 조금 다른 방식으로 살아 숨 쉰다. 이

---

[17] 역주) 원문에는 '제3장'이나, 내용으로 미루어볼 때 제30장 <젖을 빨린 잔을 가졌던 에피스테몽이 어떻게 파뉘르주에 의하여 솜씨 있게 고쳐졌는가, 그리고 악마들과 지옥에 떨어진 자들의 소식에 관해서>를 잘못 기재한 것으로 보인다.

와 관련해서 보들레르는 이렇게 말한다.

> 원래의 특징들을 희화화하고 과장하면서도 너무나도 본질에 충실하다는 점에서 그의 작품들은 모든 초상화가에게 모범이 될 수 있을 것이다. 도미에는 예술가처럼 유연한 동시에 라바터^{Lavater}[18]처럼 정확했다(샤를 보들레르, 『전집』, Paris, La Pléiade, 1976, t. 2, 552쪽).

도미에의 스타일에 대한 보들레르의 정의는, 그보다 반세기 전에 라이트^{Wright}가 인용했던 『스펙테이터』의 한 비평문 내용과 대립한다.

> 이탈리아인들이 캐리커처라고 불렀던 뷔를레스크 그림들에서 예술성은 왜곡된 비율과 과장된 특징들 가운데서 인물의 두드러진 일부 특징을 보전하는 데 있지만, 그것은 가장 유쾌한 아름다움을 가장 불쾌한 괴물로 바꾸는 방식으로 이루어진다(『캐리커처의 역사』, trad. Paris, 1875, 380쪽).

위의 정의는 캐리커처를 강조하느라 현실을 간과하고 있다. 보들레르의 정의에 의하면, 캐리커처는 현실을 더 잘 강조하기 위해 존재한다. 하지만 도미에의 작품에서는 종종 표현성이 캐리커처의 풍자보다 우세하다. 공격적이고 찌푸

---

18) 역주) 18세기 스위스의 시인, 신학자, 인상학자로, 매우 정확한 실루엣 드로잉을 그렸다.

린 모습을 그린 연작들 외에도, 대표자들과 법률가들과 선량한 부르주아들을 그린 연작들 그리고 일상에 관한 몇몇 이미지들은 전혀 다른 그로테스크를 만들어낸다. 1841년의 판화 <불꽃놀이>에서 두 아이를 안은 한 남자 주위로 군중이 밀려들고, 남자의 얼빠진 표정에는 피로와 권태만이 묻어난다. 이 장면은 거의 비슷한 주제를 환상적 양식으로 흑백 처리한 또 다른 판화에 비추어보면 더 분명히 이해되는데, <어느 국경일 저녁>(1844)이 그 작품이다. 천을 뒤집어쓴 한 여인과 아들을 어깨 위에 태운 남자가 쏟아지는 비를 피하는 장면을 그린 이 작품에서 빗줄기는 검은 바탕에 흰 선으로 표현되고, 창백하고 험상궂은 부부의 얼굴과 돌출된 눈이 두드러져 보인다. 이 환각적 이미지는 앞의 그림에서는 잠재되었던 것을 외부로 표현한다. 이 평범한 두 개의 에피소드는 현대의 삶이 주는 온갖 무거운 짐과 낙심과 그로테스크한 불균형을 발견하게 해준다. 결국, 캐리커처는 그로테스크의 한 형태로 진화하며, 여기서 현실은 비현실의 양식으로 표현된다. 클로드 루아$^{Claude\ Roy}$는 도미에의 그림이 가진 깊이를 매우 적절하게 지적하고 있으며, 이는 호가스의 그림을 상기시킨다. 하지만 루아는 다수의 그림에서 분명하게 보이는 미완의 특성을 강조하기도 한다(『도미에』, Genève, Skira, 1971, 59쪽). 이 두 가지 양상들이 서로를 배척하는 것은 아니다. 도미에는 캐리커처를 통해 윤곽과 얼굴을 낱낱이 연구한 다음, 실존의 그로테스크라는 한층 더 정교한 시각으로 옮겨간다. 걸작인 <돈키호테> 연작과 1858년 작 <줄 위의 남자>에서처럼 얼굴은 이따금 지워지거나 희미해진다. 그리고 얼굴은 <퍼레이드>에서처럼 소리를 지르거나 1865년 작 <장터의 장사(壯士)>에서처럼 억눌리고 질식한 표정의 가면들과 혼동되기도 한다. 여기서 우리는 현대성의 세계인 기이한 세계로 자연스럽게 들어간다.

4장 그로테스크, 피카레스크, 유머

피카레스크는 흔히 프랑수아 라블레에 의해 창시된 것으로 알려져 왔다. 카니발적인 것과 피카레스크는 뚜렷하게 구분되지 않는 측면이 조금 있는데, 피카레스크 소설은 일반적으로 그림 같고 생기 넘치는 세계, 그리고 라블레의 표현방식이 계승되어 생명력과 유머의 물결이 관통하는 세계로 이해된다. 그러면 초기 피카레스크 소설들을 통해 그로테스크의 특정 구조를 도출할 수 있을까?

스페인의 피카레스크 소설

스페인의 피카레스크, 즉 『라사리요 데 토르메스의 삶, 그의 행운과 불운』을 쓴 익명의 작가와 알레만^{Aleman}과 케베도^{Quevedo}의 피카레스크는 르네상스 경향의 연장선 위에 있다. 1554년에 출간된 『라사리요 데 토르메스의 삶』은 어떤 의미에서는 "16세기 문학에서 흔했던 유쾌한 한담(閑談)이다. 여기에서는 주먹질과 눈물 그리고 굶주림조차 순수한 소극(笑劇)의 어조로 다뤄진다." 이 작품은 신랄한 주제에도 불구하고 '유쾌함'의 소리를 들려준다. 모리스 몰로$^{Maurice\ Molho}$는 『스페인의 피카레스크 소설』의 서문에서 이러한 양상을 지적하면서도 또 다른 본질적 특징을 강조한다(Pléiade, 1968, XXIII-XXIV쪽). 교훈적이고 금욕적인 주제는 인간이 "원죄에서 파생된 불행에 대한 믿음"(CXLII쪽) 안에서 자신의 조건을 매우 부정적으로 마주하게 만든다는 것이다. 바흐친이 주장한 그로테스크와는 상당한 거리가 있다. 작품에는 본능과 동물성을 자극하는 유쾌한 전통과 나중에 『구스만 데 알파라체』에서 폭발적으로 나타나는 자책과 고해의 경향 사이의 대립이 존재한다. 당시 유행했던 전원문학을 패러디한 『라사리요 데 토르메스의 삶』은 생기 가득한 유희를 통해, 사제가 사랑을 등한시하고 시종이 주인을 거느리는 거꾸로 된 세상에 대한 묘사를 통해, 그리고 자신의 부정적 태도 외에는 내세울 것이 아무것도 없으면서도 산산조각 내버리는 부정적 세계와 피카로[19] 자신 간의 지속적인 대결을 통해 그로테스크와 연결된다. 그것은 "모든 것을 파괴하고, 미소를 지으며 자기 자신마저 파괴하는 우스꽝스럽고 잔인한 정신의 유희"(XL쪽)다. 작품은 희극성과 잔혹함이 훌륭하게 뒤섞인 그로테스크한 혼합이지만, 여전히 자유롭고 환상적인 형식에 의해 지배된다. 작품의 주인공은 자신의 삶을 영위하기를 원하고 이를 위해서라면 무엇이든 타협할 준비가 되어 있지만, 언제나 명철함을 잃지 않는 그는 자기의 역할에서 빠져나와 주인에 대해 동정심 비슷한 감정을 느낄 줄도 아는 인물이다.

마테오 알레만의 『구스만 데 알파라체』(1599)와 케베도의 『방랑아의 본보기 악당의 거울, 돈 파블로스라고 불리는 사기꾼의 생애 이야기』

---

[19] 역주) picaro. 주인공의 성격을 지칭하는 말로, 생각이나 행동으로 다른 사람들을 괴롭히는, 교활한 생각이나 행동 혹은 그러한 짓을 하는 사람을 지칭한다.

(1626)가 보여주는 세계는 훨씬 더 난폭하면서도 한층 체계적이다. 소설의 인물들은 선과 악, 죄악과 고행의 대립을 바로크적인 대조를 통해 구현하지만, 이들은 문제를 제기하는 인물이 아니며, 비열한 행위라는 노골적이고 그로테스크한 차원으로 환원된, 극단적으로 단순화된 인간에 해당한다. 인간성이란 인간 이하의 상태에 불과하며, 동물성의 서글프고 부정적인 변이형이다. 우리는 여기서 전(前)자연주의라는 새로운 리얼리즘의 형태를 발견할 수도 있지만, 묘사의 강도와 표현력은 전혀 다른 것과의 연관성을 보여준다. 피카로는 절도와 살인을 저지르는 악독한 부랑자로 변모한다. 유머는 대부분 현실을 일그러뜨리고 찢어발기는 흉포한 유머이다. 비록 피카레스크 소설이 언뜻 라블레의 세계를 구성하는 일부 요소들, 특히 알레만과 케베도가 많이 활용하는 분뇨담 같은 요소들을 간직한 것처럼 보이나 라블레와는 거리가 멀다. 이들은 분뇨담을 매우 다르게 사용하기 때문이다. 라블레 작품에서 분뇨담은 상상력이 행복하게 전개되는 계기였고, 분뇨와 관련된 것은 항상 유희적 성격을 갖고 있었다. 하지만 이러한 디오니소스적 분뇨담은 추잡한 것이 된다. 라블레 작품에서 생명의 근원이었던 음식조차 이제는 더러운 것이 될 뿐이다. 구스만이 태어나서 처음 먹은 음식들은 썩은 달걀과 죽은 노새다. 섭취가 배출로 전환된 것이다. 케베도 소설의 주인공은 번번이 침, 똥, 가래를 뒤집어쓴다. 구스만은 돼지 때문에 놀라 뒤로 자빠져 오물 위를 구르고, 로마의 귀부인은 자기 곁을 떠나지 않는 그가 지겨워져 그를 악취가 진동하는 안뜰에다가 밤새 가둬놓는데, 이 안뜰은 죽은 것들과 역겨운 것들로 뒤덮인 피카레스크 공간의 상징이 된

다. 모리스 몰로가 말한 것처럼, 인간은 이제 "배설하고 침 흘리는 생리적 자동인형"(LXXXIX쪽)과 다름이 없게 된 것이다.

인간을 자동인형처럼 만들고 꼭두각시나 하나의 물건으로 바꾸어버리는 이 변화는 라블레식의 증식을 기계화와 축소의 과정으로 전환하는 현대 그로테스크의 첫 번째 형태이다. 모리스 몰로는 그로테스크 연구자들에게 친숙한 구조인 '사물화'에 대해 언급하며, 케베도가 잘 알고 있었던 보스 그리고 아르침볼도를 소환한다. 그러나 이 두 화가에게서 나타나는 유희, 그리고 이탈리아 매너리즘과 '그로테스카'를 연결해주는 유희가 피카레스크 소설들에서는 전혀 다른 그로테스크 양식에 자리를 내어주며, 이는 심지어 노골적으로 환상임을 표방하는 작품으로 분류되는 소설에서도 마찬가지다. 예를 들어, 독일의 작가 크리스티안 로이터$^{Christian Reuter}$의 『셸무프스키의 진기하고 모험적인 수륙여행기』(1697)의 경우다. 이 소설은 전체가 주인공의 탄생을 둘러싼 상황에 집중되어 있다. 그가 아직 태내에 있을 때, 그의 어머니는 엄청나게 큰 쥐 한 마리가 딸의 다리 사이로 달아나 어떤 구멍 안으로 숨어버리는 걸 목격한다. 그녀는 기절하고 24일 동안 깨어나지 못한다. 주인공은 태내에서 쥐에 관해 이야기하는 소리를 듣고, 호기심을 못 이겨 예정일보다 4개월이나 먼저 밖으로 나온다. 그가 어머니를 깨어나게 만든 것이다. 기상천외한 모험 내내 그는 라블레의 주인공들에게 어울릴 만한 자신의 비범한 탄생 과정을 끊임없이 이야기한다. 하지만 이 분명한 기상천외함은 엄격하고 신랄한 시선에 의해 배가되는데, 그 이유는 외설스러운 쥐의 이미지가 셸무프스키로 하여금 자신의 탄생과 존재의 비천함을 줄곧 상기시키기 때문이다. 그래서 이 작품은 라블레보다는 케베도에 더 가깝다고 할 수 있다.

초기의 피카레스크 소설에서 유희적 환상은 다른 경향들로 진화한다. 그렇지만 그로테스크와 유머가 결합한 작품들에서는 유희적 환상이 여전히 유지되는 듯하다.

그로테스크와 유머

그로테스크와 유머의 결합 시도는 미묘한 작업이다. 케베도나 스위프트의 작품에서 활발하게 나타나는, 그로테스크와 블랙 유머의 결합에는 모두가 동의한다. 하지만 스마일 유머라 부를 수 있는 유머, 그러니까 결코 거부하거나 배척하지 않고 어느 정도의 거리를 두면서 직관이나 이해로 이루어지는 유머와 그로테스크의 만남을 정확하게 밝히는 것은 훨씬 어렵다.

세르반테스

알레만과 케베도의 시대에, 세르반테스는 무엇보다도 그의 작품『돈키호테』를 통해 이러한 유머의 좋은 예를 제공한다. 악의도 몰이해도 그리고 그 어떤 물질적 장해물도 멈출 수 없어 결국에는 용감한 환상이 승리하는 이 소설에서 그로테스크와 관계되는 것은 없어 보인다. 그렇지만『돈키호테』는 엉터리 명예와 가식적 감정의 패러디이자 헛된 기사도 규범에 대한 패러디이고, 바로 이런 의미에서 이 소설은 피카레스크 소설과 만난다. 주인공의 모험은 영광스러움에서 초라함으로 옮겨가며, 흔히 몽둥이질로 끝난다. 그가 꿈꾸는 명예에는 그로테스크한 이면이 존재하는데, 이는 그가 처음으로 기사 작위를 받는 여인숙의 조잡한 장식에서 아주 잘 드러난다. 그러나 세르반테스의 천재성은 그로테스크에 훨씬 더 정묘한 역할을 부여했다는 데 있다. 그의 작품에서 그로테스크는 가장 고상하고 가장 숭고한 감정의 형태와 결합하기 때문이다. 돈키호테의 환상에는 환상에 반대된다기보다는 필요조건에 가까운 그로테스크 양상이 내재한다. 이 그로테스크는, 돈키호테의 원대한 꿈과 늘 같이 붙어 다니는 하나의 아바타처럼, 유머로 수용된다. 감정을 가장 잘 드러내기 위해 그로테스크의 길, 그로테스크의 표현방식이 선택된 것이다. 아울러 불완전하기에 여전히 긍정적인 환상 한가운데서 그로테스크는 정당화된다. 이러한 투사는 피카레스크 소설 속 작중인물들이 가진 '편집증적' 완고함과 무관하며, 플로베르를 본받은 현대 소설가들의 여러 주인공이 보여주는 그로테스크한 보바리즘과도 아무런 관련이 없다. 이 긍정적 그로테스크, 돈키호테적 사고(思考)는 특히 호프만 같은 낭만주의 작가의 작품 속 인물들에게서 찾아볼 수 있는데, 이는 훨씬 더 해로운 그로테스크, 즉 기존 질서, 공식적인 것, 평범한 것, 저속한 것, 경직된 지성의 그로테스크와 맞서 싸우는 하나의 수단이다. 돈키호테의 광기는 미화(美化)를 가능케 하는 기상천외함인 것이다.

필딩

『돈키호테』는 초기의 피카레스크 작품들과 다르지만, 이 소설에 나타나는 그로테스크와 유머의 혼합은 나중에 등장할 피카레스크 소설들에 큰 영향을 미치게 되는데, 톰센이 다양한 그로테스크 형식들을 발견하는 필딩Fielding(1707-1754)의 소설들이 그 예이다. 톰센은 특히 『조지프 앤드루스』[20](1742)의 부목사 에이브러햄 애덤스와 돈키호테 간의 유사성을 지적하는 한편, 돈키호테의 오만한 환상이 필딩의 주인공이 가진 실리적이고 관대하면서도 제한적인 이상주의와 구분되는 점을 정확하게 강조한다(톰센 1, 131쪽). 리처드슨Richardson의 『파멜라』를 패러디한 『조지프 앤드루스』에서는 부비 부인과 슬립슬롭 양(孃) 같은 작중인물들에 의해 뷔를레스크 양상이 풍부하게 나타나는데, 선량한 조지프를 유혹하려는 이 여장부 두 명은 남자 파멜라에 해당한다. 필딩은 그로테스크에 대해 아주 소극적인 태도를 견지했지만, (1743년에 출간된 『위대한 인물 조너선 와일드의 생애』에서처럼) 종종 가혹할 수밖에 없는 결합, 즉 사실주의와 그로테스크의 결합을 화가처럼 훌륭하게 그려낸다는 점에서 호가스와 아주 가깝다. 그는 또한 그로테스크와 유머를 솜씨 좋게 결합한다. 에이브러햄 애덤스 같은 작중인물들이 피카레스크와 그로테스크를 새로운 관점으로 이끌기 때문이다.

---

[20] 역주) 원제는 『조지프 앤드루스와 친구 에이브러햄 애덤스의 모험기』다.

디킨스

디킨스는 1837년에 발표한 『픽윅 보고서』[21]에서 이러한 노선을 연장하고 있으며, 이 소설에서는 필딩과 스몰렛^{Smollett}의 영향을 감지할 수 있다. 픽윅과 샘 웰러 커플은 돈키호테와 산초 판사 커플을 계승하지만, 픽윅의 이상주의보다는 현실주의자 샘 웰러의 유쾌한 생명력에 더 큰 힘이 실려 있다. 이 작품 덕분에 피카레스크 소설은 새롭게 융통성을 찾게 되고, 그로테스크 형식은 미스터 포트처럼 기상천외하거나 희화적이거나 침울한 인물들을 통해 다양해진다. 클레이버러의 지적처럼, 디킨스 덕분에 그로테스크의 레퍼토리가 대단히 풍부해지고, 다양한 층위에 배치된다. 가장 아래 층위에는 『골동품 상점』(1841)의 고약한 난쟁이 대니얼 퀼프 같은 괴물들이나 『데이비드 코퍼필드』(1850)와 『올리버 트위스트』(1838)의 사디즘적 망나니들 같은 인간 이하의 그로테스크가 있다. 그다음에 더 넓고 보다 '평범한' 층위에는 『마틴 처즐위트』(1844)의 위선자 펙스니프처럼 자신이 속한 사회상을 대변하며 풍자에 있어 이상적인 표적이 되는 그로테스크들이 많이 있다. 아울러 러스킨이 『베니스의 돌』(1853)에서 묘사한 '고귀한 그로테스크'의 부모 격이 되는, 기상천외하면서도 순진무구한 그로테스크 대가족도 언급하지 않을 수 없다. 픽윅과 그의 동료들, 『데이비드 코퍼필드』에 등장하는 트롯우드 양, 딕 씨 같은 인물들, 심지어 불완전하기에 특

---

[21] 역주) 원제는 The Posthumous Papers of the Pickwick Club으로, 국내에서는 『피크윅 클럽의 유문록』, 『픽윅 클럽 여행기』, 『피크워크 페이퍼즈』, 『피크워크 클럽 유람기』 등으로 소개된 바 있다.

히 사랑받는 미코버가 여기에 속한다.

이렇듯 감정과 연결된 독특한 그로테스크 형식은 『돈키호테』이후 18세기와 19세기를 거쳐 계속 이어진다. 이 형식은, 다양한 층위에서, 흔히 기괴하고 양면성을 지닌 인물들을 그리는 데 사용되며, 영국에서는 '괴이한 캐릭터', '별난 캐릭터'로 나타나고, 독일에서는 낭만주의에서, 그리고 장 파울에서 스피츠베그 Spitzweg에 이르는 비더마이어 양식에서 빈번히 보이는 '별난 사람'으로 대표된다. 그 이후 이 인물들은 유럽 사실주의를 통해 계속 이어진다. 그로테스크와 유머의 결합은 어떤 의미에서 루이스 캐럴과 모르겐슈테른 그리고 '난센스' 문학의 시적 그로테스크의 도래를 예고한다고 할 수 있다. 그러나 이러한 양식의 근원인 미묘하고 종종 절제된 유머는 낭만주의를 거치면서 역설적이게도 한층 더 혼미스러운 유머와 뒤섞여, 다시 한번 새로운 그로테스크의 원천이 된다.

장 파울 혹은 유머의 그로테스크한 혼미스러움

비평가들은 장 파울 리히터 Jean-Paul Richter(1763-1825)가 그로테스크 해석에 있어서 결정적인 역할을 했다고 입을 모은다. 이는 의외인 것이 희극성에 관한 그의 연구에서, 그러니까 1804년에 발표한 『미학 입문』에서 이 독일 소설가는 그로테스크를 전혀 언급하지 않기 때문이다. 장 파울의 독창성은 유한과 무한 사이의 낭만주의적 긴장에 근거해 희극성을 밝혀냈다는 데 있다. 그는 희극성에 새로운 품격을 부여하기를 원했고, 사유의 유한과 무한을 끊임없이 대립시키고 풍자나 캐리커처의 제한적 형식을 훌쩍 넘어서는 '전복된 숭고함' 개념을 통해 자신의 목표에 도달한다. 이 '총체적' 유머는 삶의 확장 그리고 정신세계의 확장과 뒤섞이며 그로테스크의 역동성에 근접한다. 유머를 구체적으로 설명하기 위해, 장 파울은 "고도의 평등과 기뻐할 수 있는 자유" 안에서 세속적인 것과 초월적인 것이 서로 섞이고 혼합되는 중세 어릿광대들의 축제를 참조한다. 그는 거기서 바흐친이 말한 카니발의 유머이자, 보들레르에 따르면, 진정한 그로테스크의 조건인 "경이로울 만큼 좋은 시적 기분"을 떠올리게 하는 "생의 유머"라는 표현을 발견한다. 장 파울의 유머는 이중적이다. 그는 유한의 불완전한 표출을 깊게 이해하고 공감하며, 이 점에서 그의 유머는 세르반테스에 관해 언급한 스마일 유머와 닮았다. 장 파울의 소설 『크빈투스 픽슬라인의 생애』(1796)와 『만족한 선생 마리아 부츠의 생활』(1790)에서 두 주인공은 그로테스크와 시(詩) 사이에 위치하지만, 작가 자신은 소소한 기쁨의 시인, 오직 기쁨만을 노래하는 시인으로 등장한다. 그러나 유머는 이념에 직면하면서 실재의 불완전함이라는 부단한 감정 안에서 파괴자의 성격을 갖게 된다. 어떤 의미에서 이것은 낭만주의적 아이러니가 유한과 무한 사이에 설정한 단절에 가깝지만, 한층 부정적인 면도 있으며, 이는 유희적 그로테스크에서 비극적 그로테스크로 이행하는 다양한 형식들로 표현된다. 예를 들어 장 파울은 자신의 이론을 예증하기 위해 인물 조합의 대가인 스턴Stern의 예술을 소환한다. 그에 따르면, 셰익스피어의 작품에서는 비장함과 희극성이 차례로 나타나는데, 스턴은 이를 동시적으로 나타나게 변형했으며,

이러한 동시성이 그로테스크의 본질적 양상 가운데 하나다. 장 파울은 이 시기의 복잡한 형세를 보여주는 스턴의 문체가 유머의 '총체성' 이론을 설명한다고 하지만, 이것을 그로테스크로 부르는 것이 적절할까? 톰센은 한 걸음 더 나아가, 독자를 소설의 혼돈 바깥으로 끊임없이 끌어내는 척하지만, 결국에는 독자를 더욱 복잡한 또 다른 혼돈으로 끊임없이 밀어 넣는 스턴의 교묘한 유희를 그로테스크로 간주한다. 하지만 이러한 지속적인 방향 상실은 유희의 강력한 힘에 의해서만 그로테스크에 속한다.

장 파울의 소설 작품에서는 유머와 그로테스크의 관계가 더욱 분명하게 나타난다. 그의 소설은 미소에서 불안으로 옮아가는 어조를 통해 유한과 무한의 만남을 그려내기 때문이다. 유한은 무엇보다도 빈약함 그 자체가 매력인 인물들에게서 흔히 목가적 매력으로 장식된다.

하지만 목가는 혼미스러움에 자리를 내주며 반전된다.『가난한 변호사 지벤케스』[22)](1796)에서 옹색하지만 정겨운 인물인 레네테는 그녀가 사랑하고 또 그녀를 사랑하는 남편을 행복하게 해주려고 설정된 것처럼 보인다. 그러나 그녀가 구현하는 유한은 지벤케스의 몽상의 차원에 합류할 수 없다. 무한을 기준으로 평가되기에, 그녀가 보여주는 온갖 형태의 헌신은 사랑에 대한 하나의 패러디처럼 나타난다. 그로테스크가 개입하면서 부부의 모든 관계를 냉혹하게 변질시킨다. 그것은 단순히 프티 부르주아 여성과 예술가 사이의 불화가 아니다. 장 파울의 예술은 하층사회가 일종의 지옥

---

22) 역주) 원제는 *Blumen-, Frucht- und Dornenstücken oder Ehestand, Tod und Hochzeit des Armenadvokaten F. St. Siebenkäs im Reichsmarktflecken Kuhschnappel.*

으로 변하는 과정을 매우 사소한 일들을 통해 보여준다. 여기서는 유머보다는, 특히 지벤케스의 고뇌와 그 고뇌를 유발하는 하찮은 원인 간의 극심한 불균형과 관련된 그로테스크가 문제시된다. 그래서 솔과 빗자루는 '집착의 도구'가 된다. 그리고 세상 전부가 왜곡되고 무너지는데, 여기서 우리는 카이저가 주장하는 그로테스크를 다시 발견하게 된다. 소설의 도입부에서는 익살과 비극을 훌륭하게 뒤섞는 작가의 미소 덕분에 일상적 삶이라는 고난의 여정이 잠시나마 밝게 조명된다. 그러고는 소설이 초월적 정신의 특성 자체에 집착하는 그로테스크 형식으로 서서히 빠져든다. 그로테스크는, 레네테의 자그마한 머리 안에서보다, 자신의 의지와 상관없이 파괴의 광기에 사로잡힌 예술가의 상상력 속에서 훨씬 더 크게 자리 잡는다. 장 파울은 피히테의 관념론이 가진 거대 구조들의 눈속임을 경계하며 거기서 하나의 그로테스크의 양상을 발견한다. 그러나 『지벤케스』의 제8장을 끝맺는 죽은 그리스도의 유명한 연설에서 보이는 것처럼 정작 그 자신은 허무의 유혹에 넘어가고 만다. 이보다 앞서 셰익스피어는 한 에세이에서 한 줌의 재로 환원된 그리스도의 죽음과 세계의 붕괴를 망자들 가운데서 묘사한 적이 있다. 『지벤케스』에서는 천상에 자리 잡은 그리스도 자신이 창조주의 한없이 공허한 궤도를 묘사하며, "혼돈에 누운 영원은 그 궤도를 갉아 먹고 또 되새김질한다"(장 파울, 『지벤케스』, t. 1, Paris, Aubier, 1963, 453쪽). 여기서 유머는 환상적이고 무시무시한 것이 되며, 그로테스크적 축소는 상당한 신랄함을 얻게 된다.

제3부 현대적 그로테스크의 출현. 확산에서 축소까지

1장 그로테스크에 관한 낭만주의 이론들

르네상스부터 18세기 말까지의 그로테스크 역사에는 한 가지 역설이 함께 해왔다. 예술에서 그로테스크는 다양한 작품들을 통해 표현되었지만, 이론에서 그로테스크는 하나의 온전한 양식으로 나타나지 않았기 때문이다. 유스투스 뫼저Justus Möser의 『아를르캥 또는 그로테스크-희극에 대한 옹호』(1761)와 칼 프리드리히 플뢰겔Karl Friedrich Flögel의 『그로테스크-희극의 역사』는 희극에서 그로테스크의 중요성을 강조한 바 있다. 그러나 그로테스크의 부흥은 무엇보다도 낭만주의와 연관된다. 낭만주의 문학에서는 『크롬웰 서문』(1827)을 통해 그로테스크를 하나의 본질적인 문학 범주로 만들었던 위고가 중요한 역할을 맡는다.

위고 이전에는, 우리가 이미 살펴본 바 있는 장 파울이 자신의 유머 이론으로 그로테스크를 되살려내며 콜리지Coleridge를 비롯한 많은 예술가에게 영향을 끼쳤다.

프리드리히 슐레겔, 그로테스크와 아라베스크

프리드리히 슐레겔Friedrich Schlegel이 1798년에 발표한 『단편들』과 1800년에 발표한 『포에지에 관한 대담』은 그로테스크에 대하여 복합적이고 예리하면서도 종종 모순되는 통찰을 보여준다. 첫 번째 흥미로운 양상은 슐레겔이 규정한 그로테스크와 아라베스크의 관계에 연결되며 '그로테스카'의 장식기법으로 이어진다. 하지만 경쾌한 상상력의 시인이자 철학자로서의 슐레겔에게는 르네상스의 아라베스크가 풍요롭고 신비한 형상이 되며, "인간 상상력의 가장 오래된, 가장 독특한 형태"를 표현한다(cf. 프리드리히 슐레겔, 『비평』, München, 1956, 311쪽).

그는 "교묘하게 조직된 혼합, 대비를 이루는 것들의 매혹적인 균형적 조화"(311쪽)를 발견하지만, 아라베스크와 그로테스크의 정확한 관계를 규정하지는 않는다. 아라베스크는 때때로 그에게 하나의 문채(文彩)에 불과하다. 그에 따르면 디드로의 소설 『운명론자 자크』는 훌륭한 창작물이 아니라 "단순한 아라베스크"에 불과하다. 진정한 그로테스크는 다른 측면에 위치한다. 슐레겔은 장 파울이나 스턴에 대해서 언급하면서 진정한 그로테스크를 실존적 특성에, 당대의 유머이기도 한 '병약한 유머' 형식에 연결하면서, 이 "그로테스크 작품들"을 "시대의 유일한 낭만주의적 창작물들"이라고 생각한다(319쪽).

따라서 결정적인 것은 아무것도 없다. 톰센은 이러한 암시들에서는 볼프강 카이저가 말한 역설적 그로테스크 이론을 발견할 수 없음을 정확히 지적한다. 그렇다면 두 가지 흥미로운 방향이 남는다. 하나는 '그로테스카'의 유희적이고 창의적인 유동성을 더 깊이 연구하는 것이고, 나머지 하나는 현대적 그로테스크의 모순과 분열이라는 전혀 다른 방향을 개척하는 것이다. 예를 들어, 슐레겔에게 프랑스 대혁명은 "인류에 관한 한 편의 흉측한 희비극을 만들기 위해 가장 심각한 편견들과 가장 강력한 직관들을 무시무시한 혼돈 속에서" 함께 모으는 "유례없이 끔찍한 세기적 그로테스크 창작물"인 것이다(79쪽).

▪ 빅토르 위고의 '포괄적' 그로테스크

그로테스크에 대한 1827년의 위고의 오마주[23]는 당혹스럽다. 그는 현대 예술의 결정적 역할을 그로테스크에 부여하지만, 그가 그로테스크에 부여한 여러 가지 덕목들을 통해 그로테스크의 윤곽을 파악하고 구조를 구분해내기란 쉬운 일이 아니다. 실제로 위고에게 그로테스크는 하나의 개념이나 장르가 아니라, 여러 형식을 파생시키는 하나의 '원리'나 '유형'이다. 그로테스크의 확장이 무궁무진해지는 것이다. 그로테스크는 기독교 이전에

---

23) 역주) 빅토르 위고가 쓴 「크롬웰 서문」을 가리킨다.

는 제대로 존재하지 않았던 예술과 이 세계의 절반이며, 그로테스크의 출현을 기독교는 이렇게 기록했다. "아름다움 곁의 추함, 우아함 근처의 기괴함, 숭고함 이면의 그로테스크, 선과 함께인 악, 빛과 함께인 그림자." 고대와 근대, 고전주의와 낭만주의, 거짓된 아름다움과 참된 추함도 마찬가지다. '하부' 세계 전체는 지고의 세계 곁에서 정당성을 얻는다. 그로테스크가 흥미로운 점은 더는 서로를 배척하지 않으면서 동등한 가치를 가진 상반된 현실들 사이의 새로운 혼합, 새로운 결합을 의미한다는 데 있다. 이러한 의미에서, 나중에 바흐친이 그러하듯, 위고는 적절하게 그로테스크의 역동적 양면성을 강조한다. 이 점은 그가 그로테스크의 구현 형태들을 환기할 때 한층 더 잘 나타난다. 예컨대, 기형, 끔찍한 것, 희극적인 것, 어릿광대, '매개적 존재들', 중세의 민속 전통, 사탄의 집회, '칼로의 우스꽝스러운 형태들', 그리고 스카라무슈, 크리스팽, 아를르캥, 스가나, 메피스토펠레스 같이 인간을 패러디한 인물들이다. 그래서, 엘리쉬바 로젠이 지적하듯, 다양한 형태로 분산되면서 다소간 현실을 잃어버리는 '포괄적' 그로테스크의 모습이 나타난다. 그러나 다른 한편으로 그것은 혼합과 환상의 그로테스크이기도 하다. 그로테스크와 숭고한 것의 대립, '짐승 같은 인간과 영혼'의 대립은 위고에게 친숙하면서도 위대한 단순화 중 하나이지만, 그의 공로는 최초로 그로테스크를 복합적이고 긍정적인 하나의 문화로, 예술과 인류 역사의 새로운 시대로 정의한 것이다. 그리고 그는 그로테스크를 현실과 바로 연결한다. 따라서 그로테스크하다는 것은 낭만주의적인 만큼 사실주의적이기도 하다. 위고에게 이 두 가지는 서로 일치한다. 그가 그로테스크의 구조들을 정밀하게 발전시키지 못했다는 점이 아쉽긴 하지만, 소외와 불안의 그로테스크를 옹호하는 현대인들이 소홀히 여기는 생기 넘치는 그로테스크에 대한 그의 훌륭한 해석에 경의를 표해야 할 것이다.

보들레르, 그로테스크와 현기증

1855년에 발표되었다가 『심미섭렵(審美涉獵)』에 재수록된 캐리커처에 대한 글에서 보이는 보들레르Baudelaire의 분석은 위고의 관점과는 전혀 다르다. 보들레르로 인해 우리는 위고의 소용돌이에서 혼미스러움으로 옮겨 간다. 보들레르의 관심은 장 파울과 유사하며, 희극성의 본질에 천착하여 그것으로부터 정수를 추출하는 것이다. 웃음의 양면적 성격에 대한 분석을 시작으로 그는 희극성의 정점에서 그로테스크가 촉발하는 웃음을 고찰하며, 여기서 그는 "풍속의 희극성이 주는 웃음에 가깝기보다는 순진무구한 생명과 절대적 기쁨에 한층 더 가까운 심오하고 자명하며 원시적인 무언가"(cf. 보들레르, 『심미섭렵』, t. 2, 535쪽)를 발견한다. 희극성은 모방이며, 그로테스크는 창작인 것이다(535쪽). 보들레르는 캐리커처와 풍자의 제한된 형식을 의미하는 "명백한 희극성"과, 분명한 의미 너머에 위치하며 그가 "절대적 희극성"이라 부르는 그로테스크를 대립시킨다(530쪽). 그가 제시한 예는 이 개념을 잘 설명해준다. 영국의 팬터마임 공연은 그에게 "웃음의 도취를, 끔찍하면서도 거역할 수 없는 무언가"를 촉발하는데, 이는 프랑스 팬터마임의 창백한 쾌활함과는 비교 불가한 것이다. 영국의 피에로는 태풍과 폭력을 동반하는데, 보들레르는 그를 지켜보며 과장에 대한 혼미스러움, 절대적 희극성의 혼미스러움을 발견한다. 이 분석이 흥미로운 점은 무엇보다도 희극을 매우 고상한 예술 형식의 하나로 간주하고 중시한다는 사실이다. 보들레르는 그로테스크를 희극성의 정점에 위치시키기에, 그로테스크는 이중으로 봉헌된 셈이다. 위대한 희극성은 폭력의 희극성이며, 이 개념은 라블레의 강력하며 역동적인 웃음의 전통을 계승한다. 그런데 이 개념은 또한, 악마주의를 매개로, 카이저가 주장한 그로테스크의 악마적 움직임과 합류하기도 한다. 그로테스크는 내용과 관련되는 것이 아니다. 그것은 이탈리아의 희극처럼 '순진무구한' 것일 수도 있고, 스페인의 그로테스크처럼 '침울하고 험악한' 것일 수도 있다. 이 두 경우에 그로테스크는 그 강렬함 안에 본래의 특성을 하나 갖고 있는데, 그것은 한정된 의미작용에 강하게 결속된 프랑스의 그로테스크에서는 부족한 것이다. 볼테르는 그로테스크를 알지 못했다. 몰리에르는 극도로 환상적인 특정 순간에만 그로테스크에 도달했다. 라블레는 과도하게 '의미 있는' 상태에, 교훈적 우화와 지나치게 유사한 상태에 머물렀다. 보들레르가 호프만을 절대적 희극성의 탁월한 대표자로 높이 평가하면서, 그에게 교훈적 우화라는 용어를 똑같이 적용한 것은 놀라운 일이다. 이렇게 "팽팽한 밧줄 위를"(엘리쉬바 로젠) 걷는 듯 불안정하고 모순적임에도 불구하고, 강렬함에 따라, 그리고 혼미스러움에 도달하려는 이 강렬함의 지배력에 따라 그로테스크를 판단해서 그 핵심에 정착한 보들레르의 재능은 찬탄 받아 마땅하다. 보들레르의 분석은 시각적인 것과 관련되며, 특이하게도 블랙 그로테스크가 아니라,

환상의 계보에서 선정된 호프만의 단편소설에서 대비를 이루는 색채와 팬터마임에 관계된다. 이에 관해서는 뒤에서 더 자세히 다룰 것이다.

혼미스러움이라는 개념은 그로테스크의 모순적 구조들을 특히 잘 설명한다. 이 개념은, 다양한 의미에서, 이제까지 살펴본 보스나 라블레의 작품, 장 파울이나 고야의 작품, 스위프트나 칼로의 작품에 나타나는 본래의 그로테스크 형태들에 적용된다. 보들레르의 관점은 특별히 현대적이지는 않지만, 옛것을 심화하면서 위대한 그로테스크의 연속성을 보여준다는 점에서 현대를 예고한다.

헤겔이 주장한 반(反)변증법적 그로테스크

낭만주의 그로테스크 이론들에 대한 분석의 마지막 장에서 살펴볼 헤겔의 관점은 특히 중요한데, 그는 그로테스크를 완전히 거부하면서도, 미래의 그로테스크 이해에 필요한 본질적 특성을 동시대인들보다 훨씬 더 잘 강조했기 때문이다. 그로테스크에 관한 헤겔의 시각은 그의 저서 『미학』제1부에 드러나 있고, 이에 대해서는 카이저, 클레이버러, 톰센 등 여러 학자가 해설한 바 있다. 여기서는 두 가지 양상만을 언급하겠다. 첫째는 아라베스크 양식이 그로테스크의 자의적 혼합에 대해 갖는 우월성으로, 이는 논리학자로서의 헤겔의 시각이다. 다음은 그로테스크의 파열에 관한 시각으로, 톰센이 인용한 『미학』의 한 대목에 아주 잘 설명되어 있다(67쪽, 톰센 2 재인용).

"(그로테스크에서의) 상상력은 비틀림에 의해서만 입증된다. 상상력은 개별적인 형태들을 그들의 고유한 자질의 분명한 경계 밖으로 쫓아내고, 산란시키며, 불명확한 의미로 변화시키고, 완전히 분해하면서 엄청난 풍성함을 부여하며, 아울러 상반되는 것을 절충 불가능한 형태로만 절충시키는 경향을 표현한다."

여기서 그로테스크는 다음과 같은 반(反)변증법의 언어로 나타난다. 구축 대신 해체, 단계적 진행 대신 팽창, 그리고 특히 모든 절충에 대한 부정, 절대로 해결되지 않는 대립들의 영속, 20세기 예술의 특권적 형식이 될 끊임없이 연장되는 불확정 등. 합(合)의 철학자 헤겔이 합과 정반대인 문체 및 사상에 대해 가장 훌륭한 정의 하나를 제시했다는 사실은 주목할 만하다.

2장 비극의 끝에 등장한 그로테스크

 희극적 그로테스크 계열과 비교할 때, 그리고 중세의 기괴한 그로테스크가 가진 생명력과 비교할 때, 현대 그로테스크의 초기 형태들은 부정적이며, 어느 정도 체계적인 변형, 축소, 불안의 방향으로 진행된다. 이 부정적 그로테스크의 초기 형태 중 하나는 무대 위에서 비극과 그로테스크의 결합으로, 더 정확히 말하자면, 어떤 한계에 부딪힌 비극을 그로테스크가 대체함으로써 등장한다. 셰익스피어의 경우가 이를 선명하게 보여주는데, 그의 작품은 어릿광대나 기괴한 것 외에, 현대 연극의 오랜 전통의 시작을 여는 또 다른 그로테스크 형태의 예를 제공하기 때문이다.

리어왕 또는 비극의 그로테스크한 전복

 『리어왕』은 오랫동안 셰익스피어 비극의 정점으로 여겨졌으며, "불행의 피라미드"(스워바츠키^{Slowecki}), 육체적, 정신적 고통의 기념비, 소포클레스의 오이디푸스왕에게보다 더 끈질기고 더 폭력적으로 리어왕과 글로스터를 따라다니는 운명의 분노로 표현되었다. 이 작품에서 우리는 무자비한 죽임과 주인공들의 철저한 박탈 상태를 동반하는 일종의 정화(淨化) 형식을 발견할 수 있다. 하지만 일부 연구자들은 시적 정의의 법칙이나 두 가지 절대항 사이의 자유 선택 법칙과는 다른 법칙들을 셰익스피어의 세계에서 발견한다. 윌슨 나이트^{G. Wilson Knight}는 『리어왕과 그로테스크 희극』(1931)에서 『리어왕』을 "불일치와 부조리의 악마적 비죽거림"이 특징인 작품으로, "비극을 겨냥하지 않는 비극"으로 해석한다(톰센 2에서 재인용, 141쪽).

장 마리 도므나크^{Jean-Marie Domenach}는 셰익스피어의 이 '토털 시어터'에서, "그리스인들로부터 생겨나고, 이후 프랑스인들이 일순간 되찾게 되는 눈부신 집중"(『비극의 귀환』, Paris, 1967, 60쪽)을 드러내지 않는다. 1971년 파리에서 출간된 『우리 시대의 비평과 베케트』에 재수록된 1962년의 연구에서 얀 코트^{Jan Kott}는 이보다 한 걸음 더 나간다. 그가 보기에 『리어왕』은 온갖 가치들을 신성화하며, "기독교의 신의론(神義論)과 세속적인 신의론, 일체의 종말론을 무자비하게 조롱한다. 이 거대한 팬터마임이 끝나면, 피로 물들고 텅 빈 대지만이 남을 뿐이다. 태풍이 지난 뒤 돌 몇 개만 남은 이 대지 위에서, 왕과 어릿광대와 맹인과 광인은 씁쓸한 대화를 이어간다(29쪽)." 이 관점에서는 비극이 그로테스크로 탈바꿈한다. 비극적 세계와 그로테스크한 세계가 상응하는 것이다. 그러나 "비극적 주인공의 실패는 절대의 확인이고 인정이다. 그로테스크한 배우의 실패는 절대가 조롱거리가 되고 신성이 박탈되는 것이며, 맹목적인 기계장치로, 일종의 자동인형으로 바뀌는 것이다"(26쪽). 바로 이런 의미에서 얀 코트는 『리어왕』을 때로는 서커스와 유사한, 한 편의 그로테스크 팬터마임으로 여긴다. "존재하지 않는 언덕 위에 올라가 반들반들한 바다 위로 떨어지는 눈먼 글로스터는 어릿광대다"(29쪽). 사제들의 연극(비극)이 '광대들의 연극'으로 변모하는 것이다.

우리는 여기서 혼미스러움을 다시 발견하지만, 이는 보들레르가 설명한 혼미스러움과 다른 것이다. 그에게 그로테스크는 희극이 가진 힘을 최대로 끌어내는 것이었다. 반면 얀 코트에 따르면, 비극을 신성하게 만드는 가치들과 아무런 관계가 없는 비극을 그로테스크는 대체한다. 이러한 해석은 충분히 매력적이며, 만약 셰익스피어를 계승하려 한다면 신뢰할만한 것이 된다. 레싱^{Lessing}의 저서 『함부르크 연극론』(1769) 이후, 셰익스피어는 인간의 생애를 모델로 삼는 극작가로, 인간의 영혼을 그 복합성, 모순, 유동성 속에서 분석하는 극작가로 여겨진다. 이러한 창조적 풍요로움은 "시의 제3시대를[24] 대표하며, 그로테스크와 숭고한 것, 끔찍한 것과 어릿광대, 비극과 희극을 단숨에 융해하는" 극문학을 통해 실현된다(『크롬웰 서문』). 위고와 프랑스 낭만주의자들은 이전까지의 모든 연극론을 그로테스크의 특징으로 재구성하고 재편하는 완전한 예술 형식을 셰익스피어의 작품에서 발견한다. 마찬가지로 18세기 말 독일의 '질풍과 노도' 시인들은 셰익스피어의 작품에서 인생, 힘, 움직임의 교훈을 찾는다. 그들은 총체적 연극론을 지향하는 희비극을 이해함으로써 이 교훈들을 찾을 수 있다고 믿기 때문이다. 하지만 그 누구도 생기 넘치는 그로테스크에 대한 진정한 연극을 만들어내지 못했다. 프랑스 낭만주의 연극은 그로테스크라기보다 피토레

---

[24] 역주) 위고는 시의 역사를 세 가지 시대로 구분하면서, 제1 시대인 원시 시대는 서정시, 제2 시대인 고대는 서사시, 그리고 제3 시대인 현대는 극이 대표 형식이라고 말했다.

스크에 가까우며, 괴테가 젊은 시절에 썼던, 호전성이 비극을 지탱하는 『원형 파우스트』나 「사티로스」 같은 일부 소극들에서 나타나는 생기 있으면서도 날카로운 웃음을 제외하면, '질풍과 노도'의 시인들은 움직임과 삶의 의미로는 그로테스크를 거의 만들어내지 못했다. 역설적이게도, '질풍과 노도'는 셰익스피어에게서 발견할 수도 있었던 정반대의 의미에서 새로운 부정적 그로테스크 연극을 창시하며, 야코프 미하엘 라인홀트 렌츠$^{Jakob\ Michael\ Reinhold\ Lenz}$(1751-1792)의 매우 독창적인 작품에서 이에 관한 가장 완성도 높은 표현을 찾아볼 수 있다.

렌츠 혹은 무(無)일관성의 그로테스크

렌츠^{Lenz}는 오랫동안 저평가되어왔으나 현대적 의미에서 분명 최초의 그로테스크 극작가 중 한 사람이다. 볼프강 카이저는 그를 그로테스크의 위대한 대표자라고 높이 평가하며, 특히 희곡 『새로운 메노차』(1774)를 중심으로 연구를 진행했다. 『새로운 메노차』는 빠른 리듬으로 비현실적 세계에서 전개되는 불분명한 코미디 인물들을 빠른 리듬으로 소용돌이치게 하는 그로테스크적 구성의 작품이다. 여러 가지 행위가 지속적인 혼돈 상태에서 서로 뒤엉키는 것이다. '질풍과 노도'의 여러 극작가에서, 그리고 이 운동의 이름이 된 클링거^{Klinger}의 작품 『질풍과 노도』에서 보이는 칼로의 기상천외한 양식과 코메디아 델라르테의 움직임을 이 주제와 관련해서 소환하는 카이저의 지적은 적절하다. 그러나 카이저가 이 무도극의 환상을 통해 "분해되고 소외되는"(45쪽) 세계의 이미지를 감지한다고 말할 때는 설득력이 떨어진다. 렌츠만의 고유한 그로테스크는 다른 곳에 있으며, 그것은 아마 작가 자신도 의도하지 않았겠지만, 그의 작품에서 현대성의 정신이 얼마나 구현되는지를 보여주는 역설적 방향에서 찾아야 한다. 셰익스피어 예찬론자인 렌츠는 프랑스 연극의 도식적이고 추상적인 유형들과 상반되게 삶과 인물들의 현실에 뿌리를 둔 연극론을 주장하기 위해 그 거장에게 의지한 것이다.

희곡 『가정교사』(1774)는 이러한 요구에 부응하는 듯하다. 주제가 구체적이고 당대와 연결되어 있다. 작품은 평민 집안의 아들들이 귀족 가문의 가정교사가 되어 때때로 극적인 상황들에 처하게 되는 이야기이다. 렌츠의 희곡은 이런 식이다. 가정교사는 그 집 딸과 사랑에 빠져 그녀를 임신시키고 함께 도망치는 처지가 된다. 그는 마을의 교사 집에 몸을 숨기지만, 딸의 아버지가 그를 찾아내 총으로 쏴버린다. 그는 겨우 목숨을 건지고, 참회하며 스스로 거세한다. 그래도 최선의 결말로 마무리되는 것이 가정교사가 자신의 고매한 정신을 존경하는 시골 아가씨와 결혼하기 때문이다. 그리고 죽은 줄로만 알았던 옛 연인은 자살 시도에서 살아남는다. 가족들에 의해 구조된 그녀는 자신을 사랑해 그녀의 아이까지 받아들이는 사촌과 결혼한다. 비극은 스스로 허물어지고, 희비극이라기보다는 그로테스크한 희곡으로 변모한다. 렌츠 자신이 직접 밝힌 바에 따르면, 그는 희비극 구조 안에 웃음과 진지함을 혼재시키려 했다. 그러나 『가정교사』에서는 진정한 희극성이 비극성과 마찬가지로 부재한다. 그리고 새로운 표현방식이 모습을 드러낸다. 행위가 그러하듯 인물들 역시 그들의 무(無)일관성으로 인해 그로테스크하다.

시골 귀족이기도 하고 군인이기도 한 아버지는 형제들처럼 꼭두각시에 불과하다. 어머니는 유식한 체하는 여성이며, 딸은 일종의 유령이다. 가정교사는 자신의 출신이 암시하는 현실을 전혀 구현하지 못한다. 희곡이 끝날 때까지 그는 마치 보바리 부인처럼 행동할 뿐이다. 그가 자신에게 행한 거세가 그로테스크한 결혼으로 이어지면서 비극적인 성격이 전부 사라진다.

렌츠의 첫 번째 걸작의 결말에는 허무만 남는다. 『리어왕』의 무대를 지배했던 쓸쓸하고 우주적인 허무가 아니라, 비극의 부재와 결핍과 고갈로 인한 허무다. 많은 현대 극작가들이 다룬 전적인 무일관성의 세계가 이미 나타나는 것이다. 그의 또 다른 희곡 『군인들』(1776)은 보다 비극적이면서도 보다 현실적인 인상을 준다. 이 작품은 군대가 주둔하는 어느 작은 마을에서의 삶, 귀족 장교들, 소부르주아들, 그리고 그들의 복잡한 관계를 그려내고 있다. 부와 명예를 꿈꾸는 상인의 딸은 견장을 단 바람둥이의 꾐에 빠지는데, 이 희곡은 그녀의 애처로운 타락에 관한 이야기다. 아버지가 그녀를 구하지만, 버림받았다는 사실에 깊이 상심한 그녀의 약혼자는 바람둥이를 죽이고 스스로 목숨을 끊는다. 이렇듯 작품의 분위기는 마지막까지 폭력적이고 음산하며 진정 비극적이다. 이 작품에서 그로테스크는 다른 곳에, 말의 공허함과 연결된 무일관성에 존재한다. 한정된 환경에서 군인, 상인, 여자 등 모든 인물은 의미 없는 얘기만을 할 뿐이다. 그들이 집착하는 클리셰도 마찬가지로 현실성의 부재를 반영한다. 이러한 언어의 무력화는 인물들이 '교양은어'[25]의 덫에 갇혀 있는 헝가리의 극작가 호르바트^{Horváth}

---

25) 역주) Bildungsjargon. 소시민들이 자신의 사회적 상황을 감추고, 실제로는

의 스타일을 예고한다.

살펴본 바와 같이, 렌츠의 연극작품에는 적확한 풍자보다 더 신랄하고 섬세한 그로테스크 움직임이 사실주의적이고 비판적인 경향과 함께 나타난다. 역설적이게도 불명확성을 통해 비판이 더 강력해지는 것이다. 움트기 시작하는 그로테스크 연극은 세계와 사회를 가로지르는 심각한 무질서를 탐지하기에 적합하다. 그로테스크 연극은 비작동의 연극, 마비의 연극이고, 뷔히너Büchner의 작품이 이러한 연극 완성된 형태를 보여준다.

뷔히너의 그로테스크. 무(無)와 마리오네트

뷔히너는 분명히 셰익스피어풍의 비극적 그로테스크를 가장 섬세하게 재현한 극작가다. 그는 『당통의 죽음』(1835)에서 운명과 비극을 부조리한 메커니즘으로 변모시킨다. (생쥐스트, 로베스피에르, 국민의회 의원들 같은) 일부 등장인물은 프랑스 대혁명을 수호한다는 믿음 아래 점점 더 자기 파괴에 빠져든다. 오직 당통만이 그들을 분쇄하는 기계 같은 상황을 주시하면서 역사의 붕괴를 잠자코 바라본다. 이 희곡은 두 가지 의미에서 그로테스크하다. 첫째는 인간의 기계화에 의한 것이다. 작품 곳곳에 존재하는 마리오네트에 대한 은유는 인간의 모습이 된다. "우리는 모두 미지의 힘이 조종하는 마리오네트다." 모든 인간은 똑같은 자동성에 의해 움직인다. 모든 것이 같고 또 반복된다. 반복은 그로테스크의 리듬이다. 이러한 기계화

오래전부터 동경의 대상인 중류계급에 속하고자 할 때 사용하는 말투.

는 운명에 대한 새로운 인식에 연결된다. 비극은 죽음이나 초월과 같은 경계선을 전제한다. 그리고 새로운 운명은 이러한 경계선을 배제한다. 3막에서 당통은 영원한 휴식을 갈망한다. 이 휴식은 신의 품 안에서 가능하지만, 그는 신을 믿지 않으며, 그렇지 않다면 적어도 무(無)를 통해 이루어져야 한다. 하지만 불가능한 일이다.

> "창조가 만연하는 바람에 무(無)가 자리할 곳이 없어졌어. 어디를 가나 창조가 득실대니 말이야. 무가 자살을 했어. 창조는 무가 남긴 상처지. 우리는 그 핏방울이고, 세상은 무가 썩고 있는 무덤이라네"(『당통의 죽음』, III, 8쪽).

도므나크의 지적처럼, 우리는 베케트가 묘사하는 끝없는 단말마에 아주 가까이 있다. 아울러 비극적 그로테스크의 끝단에 서 있기도 하다. 렌츠가 암시했던 허무의 무일관성은 훨씬 더 신랄한, 새로운 무일관성으로 대체된다. 생명의 증식으로서의 그로테스크가, 현실 한복판에서 활동하며 어디에나 존재하는 죽음의 끝없는 증식으로서의 그로테스크로 대체되는 것이다. 이러한 시각은 작품의 구조를 설명해준다. '주인공들'이 긴 대화를 주고받고, 현실의 충돌과 마찬가지로 사상의 충돌이 일어나며, 뤼실과 카미유의 사랑에서 인간의 실제적 비극의 자취가 남았다는 점에서, 이 작품의 구조는 여전히 전통적이다. 하지만 작품을 지배하는 것은 미사여구를 읊어대는 꼭두각시들과 허무의 확산을 가만히 지켜보는 명석한 한 존재 사이에 이루어지는 거짓 대화다. 모든 것이 말의 증식 안에서 맴돌고, 행위는 진전

없이 예정된 결말을 향한다. 역사의 난폭한 공허를 이보다 더 잘 표현해낸 희곡은 찾기 힘들 것이다.

뷔히너의 또 다른 걸작인『보이체크』(1836년 판)는 그로테스크의 또 다른 형태에 해당하는데, 이번에는 역사가 아니라 일상 현실과 관련된다. 단순하고 현실적인 군인 보이체크는 주위 사람들의 놀림감이며, 대위에게는 소유물로, 의사에게는 모르모트로 취급당하고, 사랑하는 여인에게는 배신당하며, 동료 병사들에게는 조롱거리가 되고 모욕된다. 보이체크는 세상에 의미를 부여하려고 투쟁하지만, 몽롱한 의식 속에서 범죄를 저지르려는 생각이 조금씩 싹트고, 그는 결국 범죄를 저지른다.

이 작품에서 그로테스크는, 의사나 대위처럼 지식 또는 권력의 외양을 하고 자신들의 고정관념을 반영하는 클리셰를 통해 자동인형처럼 말하는 꼭두각시 층위에 위치한다. 그것은 지배하고 괴롭힐 생각만 하는 히스테리 환자들의 그로테스크다. 그러나 이 어릿광대들의 담론이 일관적인 데 반해, 정신이 불완전한 보이체크는 말더듬이 아이처럼 퇴행한 상태이다. 하지만 그의 언어는 주위 사람들의 언어보다 훨씬 더 구체적이다. 그로테스크한 동시에 진정으로 비극적인 이 희곡의 역설은 바로 이 지점에 있다. 진정한 현실은 희미해졌고, '보통의' 현실 층위에는 존재하지 않으며, 자기 생각을 표현할 수 없는 주변인 속으로 몸을 숨긴 셈이다. 그리고 보이체크의 그로테스크한 모습은 죽어가는 현실을 감춘다. 그는 살아가고 사랑하기를 바라지만 살인밖에 할 수 없다. 그는 빈사 상태에 놓인 인물이고, 명백한 사회 비판에는 형이상학적 양상이 섞여 있다. 이는 '승부의 종말'[26]과 관련이 있긴 하지만, 보이체크가 베케트의 인물들처럼 타락한 인물은 아니다. 그는 자기 안에 무한한 긴장을 품고 있으며, 그런 의미에서 이 작품은 부조리극보다 표현주의 연극에 더 가깝다. 마리오네트로의 이행 또는 환원이 보이체크에게는 하나의 의미 탐구를 동반하는데, 이는 베케트의 정체된 인물들에게는 생경한 것이다. 게다가 그는 엄청난 결핍상태임에도 표현주의 연극의 전형적인 뼈대 인물들보다 훨씬 생기있다. 이러한 복합적이고 풍요로운 암시들이 유럽 연극의 정점에 달한 뷔히너 연극의 독창성을 담보한다.

■ 그라베 또는 역사에서 그로테스크의 침체기

뷔히너만큼 천재는 아니지만, 크리스티안 디트리히 그라베Christian Dietrich Grabbe(1801-1836)는 뷔히너만큼, 어쩌면 그보다 더 직접적으로, 비극에서 그로테스크로의 이행을 보여주는 작가다. 셰익스피어에 대한 에세이를 썼던 그라베는 첫 번째 역사극 『테오도르 폰 고틀란트 공작』(1822)에서 역사, 폭력, 공포, 음모, 세기병(世紀病)을 혼합하며 자신의 모델보다 멀리 나아가려 시도한다. 이러한 과욕은 실패로 귀결되지만, 그라베는 같은 해에 발표한 희극 『익살, 풍자, 반어 및 깊은 뜻』에서 이를 만회한다. 작품은 당시에는 큰 환영을 받지 못했지만, 『위비 왕』의 작가에게는 찬사를 받

---

[26] 역주) 베케트의 희곡 제목으로, 국내에는 '승부의 끝', '놀이의 끝', '게임의 종말' 등으로 소개되었다.

았다. 이 작품은 한 편의 소극이자, 보편적 어리석음에 대한 신랄한 독설이며, 한결같이 보잘것없는 사회 대표자들(귀족, 부르주아, 농민, 시인)이 뒤섞여 색다른 악마 주위를 행진하는 이야기이다. 자리^{Jarry}와 이오네스코^{Ionesco}의 작품에서와 마찬가지로, 그로테스크는 이 작품에서 거대함이라는 특징을 가진다. 『돈 후안과 파우스트』(1828)에서, 지식으로 무장된 익살스러운 승리자(파우스트)는 그에 버금갈 정도로 비현실적인 돈 후안 앞에서 사라져야만 한다. 신화 두 편을 패러디한 이 작품에서 그로테스크는 비극과 뒤섞인다. 『나폴레옹 또는 백일천하』(1831)와 같은 그의 걸작들에서, 그라베는 뷔히너와 마찬가지로 반복, 마리오네트, 역사의 위선을 특징으로 하는 섬세한 그로테스크 형태를 사용하기 위해 뷔를레스크를 포기한다. 이 작품에서 희극의 아이로니컬한 허무주의는, "부패물 속으로 쓸려간 존재들의 아찔한 소용돌이"(4막 1장)인 역사에 적용된다. 그의 연극 세계의 진화가 완성되며, 비극에서 조롱으로 그리고 다시 조롱에서 환상으로의 이행이 완성되는 그라베의 마지막 두 작품 『한니발』과 『헤르만의 전쟁』의 주인공들처럼, 인간은 역사에 매몰되는 것이다.

『보나벤투라의 야경꾼』에 나타난 급진적 그로테스크

조롱에서 환상으로의 이행이라는 관점에서는, 1804년에 출간되었고 실제 저자가 누구인지에 대해 의견이 분분한 『보나벤투라의 야경꾼』을 언급해볼 수 있다. 이 작품은 반은 환상적이고 반은 풍자적인 일종의 촌극으로,

한 야경꾼이 산책 중에 미학, 도덕, 사회, 형이상학과 관련된 온갖 문제들을 둘러보는 것이 그 내용이다. 라블레와 스위프트로부터 영향을 받은 이 작품은 무엇보다도 어디서나 볼 수 있는 속물에 대한 분노가 사정없이 터지는 소극이다. 이 작품은 또한 시간, 공간, 사랑, 영원성에 대한 성찰과 함께, 마리오네트 등장 장면들과 번갈아 배치된 장례식 연설, 그리고 다소 절망적인 격정적 서정시의 혼합이기도 한데, 요컨대 훌륭한 잡문(雜文)이며, 독일 낭만주의의 지적인 날렵함과 자기 자신을 패러디할 수 있는 능력에 대한 뛰어난 증언이라 할 수 있다.『보나벤투라의 야경꾼』은 또한 낭만주의를 넘나드는데, 끊임없이 가면을 벗겨내는 신랄한 비판이라는 점에서는 계몽주의 정신에 근접하고, 작품을 관통하는 환멸은 그라베와 뷔히너에 가깝다고 할 수 있다. 이 소설에서 인간은 자신의 진정한 차원, 즉 마리오네트의 차원으로 축소된다. 작품 곳곳에서 광인들이 현자보다 우위를 점한다. 세상은 정신병자들의 보호 시설이고, 장 파울의 죽은 그리스도는 미친 창조자로 변모하며, 오직 광기만이 그나마 의미를 보전할 뿐이다. 세상에 대한 그로테스크를 곧잘 드러내는 이 작품은 어조와 관점들의 혼합이라는 점에서, 그리고 끊임없이 허무로 귀결되는 절망적 냉소주의라는 점에서 그로테스크하다. 이 작품은 과잉으로 인해 매우 바로크적이며, 위대한 그로테스크의 속성인 현기증에 도달하기에는 지나치게 잡다할지도 모른다. 하지만 이 작품은 당시 유럽의 불안에 대한 다양한 형태들을 독일로 수렴시켰던 위기를 그로테스크 작품에 담은 유일한 자료로 남아 있다.

3장 낯선 것에 대한 환상에서 공포의 그로테스크까지. 호프만과 포를 중심으로

경이와 환상의 시대인 낭만주의는 그로테스크 시대이기도 하다. 이론은 많은 곳에서 보이지만, 이 개념을 개별 작품에서 찾아내는 것은 훨씬 어렵다. 그로테스크의 생명력은 중세 말 무렵에 환상의 형태로 탈바꿈했다. 3세기가 지나서, 환상성과 그로테스크의 공조를 정확하게 기술하는 것은 더욱 까다롭다. 호프만과 에드거 앨런 포^{Edgar Allen Poe}의 경우가 좋은 예다.

그로테스크들 사이의 호프만

'환상 문학 작가' 호프만은 그로테스크 형식과 의미의 창조자이기도 하다. 모든 것이 운명처럼 그를 그로테스크로 인도한다. 그는 데생, 음악, 문학의 세 가지 표현방식의 합류점에 위치하며, 이성과 상상을 균등하게 배치하는 결합과 혼합의 대가다. 보들레르와 마찬가지로 그는 희극성의 강렬함을 연구하며, "외부로부터 모티프를 차용하는" '표면적' 희극과 몰리에르의 『수전노』 같은 '참된 희극'을 구분한다.

> 절망으로 미칠 지경인 구두쇠가 자신이 숨겨놓은 돈을 훔친 도둑을

잡기 위해 자기 팔을 움켜쥐는 공연을 보는 사람은 그 누구라도 웃음을 터트리면서도 깊은 공포를 느꼈을 것이라. [...] 바로 여기에 몰리에르의 구두쇠가 진정으로 희극적 인물인 이유가 있다(『E.T.A. 호프만의 작품에 나타나는 그로테스크』, München, 1966, 78쪽, 토마스 크라머 인용).

"진정으로 희극적"이다는 웃음과 공포가 만나기에 그로테스크하다는 뜻이다. 솔직한 희극과 카타르시스 희극의 대표자로 불리는 몰리에르에게서 호프만이 이러한 양상을 발견한 점은 흥미롭다. 호프만 자신은 보들레르에 의해 "절대적 희극성", 즉 그로테스크에 가깝다고 평가된다. 호프만은 상상이 지배하는 『왕의 신부』와 같은 작품에서 특히 그로테스크하다. 그에게서 그로테스크 요소는 전반적으로 환상을 특징으로 하는데, 이를테면 『칼로 풍의 환상 소품집』(1814)에서는 코메디아 델라르테의 정신과 초기 그로테스크의 생명력을 '환상적인 것'과 합치시키며 로렌 지방의 화가 자크 칼로가 가진 창조적 경쾌함을 그려낸다. 소품집에 수록된 작품 대부분에서 호프만은 양식을 혼용하는 한편, 현실의 평범함과 꿈의 경이로움을 철저하게 구분하는 독일 낭만주의의 체계화를 지양한다. 호프만은 오히려 이 두 가지를 뒤섞는다. 『황금 단지』에서 대학생 안젤무스는 베로니카를 향한 세속적 사랑과 꿈과 시를 구현하는 세르펜티나를 향한 이상적 사랑 사이에서 괴로워한다. 편협한 소부르주아의 세계는 세르펜티나의 아버지인 궁정 문서실장 린트호르스트의 세계와 대립하지만, 이야기가 두 개의 시각과 두 세계 간의 투쟁으로 귀착되는 것은 아니다. 이 작품에서 그로테스크는 부르주아와 시인을 차례로 오가면서 주위의 놀림감을 벗어날 수 없는 주인공의 망설임과 연결된다. 크라머^{Cramer}의 주장처럼, 이 "환상적인" 콩트는 순수하게 희극적인 콩트이기도 하다(65쪽). 호프만은 이 작품에서 노발리스^{Novalis}의 비장한 문체를 가볍게 변형하기도 하고, 때로는 클리셰처럼 보이게도 하면서 패러디한다. 여기서 그로테스크는 다양한 표현방식을 활용하는 하나의 유희에 해당한다.

이러한 변화무상은 『브람빌라 공주』에서 정점에 달하는데, 이 소설은 "인간과 동물이 혼재된 그로테스크한 인물들"이 "익살의 베일에 가려진 은밀한 암시"를 드러내는 칼로의 <스페사니아의 춤>에서 직접적인 영감을 받았다(크라머, 75). 호프만에게 영감을 준 칼로의 엉뚱하고 생경하지만 불쾌하지 않은 인물들이 일으키는 소란은 익살스러우면서도 어지럽게 표현된다. "고급 미학의 입문서"(보들레르)라 할 수 있는 『브람빌라 공주』는 코메디아 델라르테에 대한, 그리고 그것을 되살려낸 화가에 대한, 유머에 대한, 웃음이 가진 힘에 대한 오마주다. 이 유희적이고 경쾌한 그로테스크는 1817년의 『밤의 이야기』에서 전혀 다른 어조로 바뀐다. 웃음의 양면성은 모호한 두려움으로 대체되고, 변화무상한 상상력은 추함과 마비로 대체되기 때문이다. 이 장르의 모델은 『모래 사나이』다. 볼프강 카이저는 악마적인 힘 때문에 정신이상이 되는 과정에 주목하면서, 이 작품에서 그로테스크의 정점을 발견한다. 하지만 다른 연구자들은 이 이야기에서 환상성이 침입하는 형식 자체를 발견한다. 어느 쪽이 옳을까? 웃음의 명백한 부재는 환상성의 편이 옳다고 변호할 것이다. 프로이트가 기술한 '두려운 낯섦'은 그로테스크 편을 옹호할 것이다. 순수하게 환상적인 것은 생경함으로 제한되어야 한다. 두려움이 된 환상성은 비극성이나 그로테스크에 속하는 실존적 불안을 반영하기 때문이다.

   종종 분석 대상이 되는 『모래 사나이』로 되돌아가자. 이야기는 이중의 광기에 관한 것이다. 우선 아이들의 눈을 빼앗아가는 모래 사나이에 관한 무시무시한 이야기가 나타나엘에게 불러일으키는 광기가 있다. 이 이미지는 강박관념이 되어, 나타나엘은 어디서나 모래 사나이를 본다. 처음에 나타나엘은 아버지와 함께 실험했던 음산한 코펠리우스가 모래 사나이라고 생각하며, 그가 자기 눈을 가져가려 한다고 믿는다. 나중에는 안경 상인 코폴라를 모래 사나이로 의심한다. 두 번째 광기는 아름답고 현명한 클라라와 약혼한 나타나엘이 스팔란차니 교수의 딸, 신비로운 올림피아에게 느끼는 히스테리컬하기까지 한 사랑으로, 이 사랑은 그녀가, 스팔란차니 교수가 코폴라의 도움을 받아 만들어낸 자동인형에 불과하다는 사실을 그가 알게 될 때까지 계속된다. 이야기의 끝 무렵, 나타나엘은 여전히 코펠리우스가 자신을 쫓아다닌다고 믿으며 스스로 목숨을 끊는다.

   이야기는 여러 의미로 읽힌다. 눈과 시선의 모티프를 중심으로 읽을 때, 환상성은 생물과 무생물의 경계에 수월하게 자리 잡는다. 임상적으로 읽는다면, 눈을 잃는 두려움은 거세 공포 모티프, 즉 프로이트가 아버지(생부 그러고는 코펠리우스와 코폴라)에 대한 공포와 연결했던 모티프와 동일시된다.

   그로테스크로 읽는 것도 적절하다. 이 작품은 『황금 단지』나 『브람빌라 공주』에서 보이는 유희적 그로테스크와는 전혀 다른 부정적 그로테스크에 해당한다. 그래서 『밤의 이야기』는 『칼로 풍의 환상 소품집』과는 정반대의 그로테스크로 나타난다. 낭만주의 예술가의 열망과 직관이 마비되어 버린 것이다. 낭만주의자의 '직관'은 이제 작동하지 않고, 상상력도 펼쳐질 수 없게 된다. 따라서 몽상가 나타나엘은 자신의 시 속에서 공포라는 정신적 이미지의 포로가 되어버린다. 『황금 단지』의 안젤무스와 마찬가지로 그는 두 여인 사이에서 갈등하는데, 『황금 단지』에서 간략하게 캐리커처로 그려진 현실의 여인은 『모래 사나이』에서 실체를 획득하지만, 이상적 여인은 마리오네트와 혼동된다. 때로는 노발리스에 가까운 언어를 사용하는 나타나엘은 올랭피아의 몇 안 되는 단어들을 "영혼의 내밀한 언어로 이루어진 진정한 상형문자"처럼 해석하지만, 결국 그가 발견하는 것은 지고한 계시가 아니라 생명 없는 기계적인 움직임뿐이다. 현대적 그로테스크의 고유한 특징인 축소와 기계화 과정에서 마법의 이상주의는 스스로 파괴되는 것이다. 이 과정은 환상 세계에서 자기 자리를 찾는다. 하지만 살아있는 것과 생명이 없는 것의 결합으로 낯섦을 만들어내는 환상적 자동인형과 생명의 파괴를 나타내는 그로테스크 자동인형은 구분되어야 한다. 자동인형과 마리오네트와 외관적으로 닮은 몽유병자와 분신의 인물들은 호프만의 작품 곳곳에서 나타나며, 「분신들」이나 「자동인형들」처럼 소설의 제목이 되기도 한다. 이들은 우리를 영국의 범죄 소설과 흡사한 호프만의 어두운 세계로 인도한다. 『악마의 묘약』은 루이스^{Lewis}의 『몽크』로부터 직접적인 영향을 받았다. 차이라면 대체로 작품 내 그로테스크의 역할인데, 호프만은 그로테스크를 환상성과 비극성에 단호하게 뒤섞는다. 단편소설 『이그나츠 데너』는 환상성이 그로테스크로 변형되는 것을 잘 보여준다. 호프만의 많은 작품이 그러하듯, 이 소설은 저주에 관한 이야기다. 온순한 사냥터지기는 어느 도적 두목의 압력에 굴복하는데, 이 두목은 악마의 여러 화신 가운데 하나로 등장한다. 스스로 이그나츠 데너라 부르는 이 범죄자는 진짜 괴물이지만, 이 분야에서는 아버지인 마법사 트라바키오와는 비교조차 불가능한 것이, 트라바키오는 아들 하나만 남겨놓고 다른 아들들을 모조리 마법 실험 재료로 사용해버린 잔인함의 표본이기 때문이다. 그는 중세의 전통에 있는 식인 악마를 연상시킨다. 이 작품에서 환상성과 그로테스크의 결합은 공포 문학을 예고한다.

에드거 앨런 포 작품에서 나타나는 그로테스크와 공포

1840년, 자신의 단편집 제목을 『그로테스크하고 아라베스크한 이야기들』라고 붙인 포에게 그로테스크는 매우 친숙한 개념이었다. 볼프강 카이저의 지적처럼 포는 월터 스콧Walter Scott에게 영감을 얻은 것으로 보이는데, 스콧은 1827년의 연구에서 회화 속의 기괴한 형상들을 통해 그로테스크(또는 아라베스크)를 정의하며 이를 부조리와 환상성에 연결한 바 있다. 하지만 그로테스크의 개념은 여전히 모호하다. 그로테스크가 지배적으로 나타나는 이야기들을 몇몇 살펴보면, 『그로테스크하고 아라베스크한 이야기들』의 작가가 그로테스크를 어떤 식으로 사용했는지 좀 더 분명히 알 수 있을 것이다.

「홉 프로그」는 그로테스크의 독특한 변화를 암시한다. 비극적인 장난을 다룬 이 단편은 프루아사르^{Froissart}가 샤를 6세 시기에 행해졌던 가장무도회를 서술한 글에서 영감을 얻은 것으로 보인다. 포는 라블레의 이름을 직접 언급하며 그의 전통을 따라, 익살을 매우 좋아하는 어느 왕을 중심으로 그로테스크-뷔를레스크의 분위기를 형성한다. 왕과 신하들은 모두 가르강튀아처럼 거구이며 미식을 즐기는 익살꾼들이다. 그런데 이야기의 시작부터 이 카니발은 수상쩍다. 이 육체들은 라블레 작품에 등장하는 신체와 같은 쾌활한 생명력을 갖고 있지 않다. 포가 이야기하듯, 거대함은 비만이 되고, 비만은 우스꽝스러움을 예고하지만, 여기서 장난은 지방 덩어리와 잘 어울리지 않는다. 미친 광대 홉 프로그는 다리를 저는 작은 난쟁이로 왕궁에 없어서는 안 될 존재지만, 왕은 함께 웃기 위해서가 아니라, 자신의 권력으로 짓밟기 위해 이 광대를 이용한다. 바로 여기서 이야기의 의미가 발생하고, 생명의 그로테스크로부터 죽음의 그로테스크로의 이행이 이루어진다. 모욕되고 상처 입은 미친 광대는 끔찍한 장난으로 복수한다. 그는 왕과 대신들에게 왕궁의 가장무도회에서 오랑우탄을 연기하자며 송진과 털을 뒤집어쓰고 서로 묶을 것을 제안한다. 이렇게 그는 이 인간들이 가진 그로테스크한 동물성을 적나라하게 드러낸다. 그의 복수는 끔찍하면서도 논리적이다. 그는 송진에 불을 붙여 껍데기에 불과한 이 존재들을 불태워서 근본적으로 무가치한 상태로 되돌려 놓는다. 충일의 그로테스크는 공허의 그로테스크로 대체되며, 거짓된 풍요는 소멸로 대체된다. 이 소설은 폭력적이고 노골적이며, 연회장에서 벌어지는 최후의 화재 장면은 화려하기까지

하다. 우리는 이 이야기에서 그로테스크의 전복에 대한, 맞바꾸어진 세계와 맞바꾸어진 양식에 대한 섬세한 논평을 볼 수 있다.

그로테스크한 무성(茂盛)함이 이처럼 난폭한 파괴로 변형되는 것은 「적사병 가면」에서도 유사하게 나타난다. 이 작품은 적사병을 피하려고 온갖 악의 공격으로부터 안전하다고 믿는 요새와 같은 수도원으로 수행원들과 함께 피신하는 한 왕자의 환각에 관한 이야기다. 소설은 한 가면무도회 장면으로 시작하는데, 포는 이 장면을 그로테스크와 환상성의 결합이 두드러지도록 의도적으로 묘사한다.

> 확실히 그것은 그로테스크한 발상이었다. 눈부시고 찬란했다. [...] 이상하게 차려입고 엉뚱하게 구성된 아라베스크한 상(像)들도 있었다. 광기와도 같이 굉장한 환상들로는 아름다운 것, 음탕한 것, 다량의 기이한 것, 극소량의 끔찍한 것, 엄청나게 역겨운 것들이 있었다. 요컨대 여러 가지 꿈들이 일곱 개의 방을 이리저리 스스대며 활보하는 것과도 같았다(포, 『산문집』, 보들레르 번역, La Pléiade, 1951, 395쪽).

상상, 기이함, 엉뚱함, 잡다함, 부조리, 꿈, 광기와 같은 온갖 그로테스크한 혼합적 요소들이 모여 있다. 포는 당대의 시대적 취향을 간접적으로 설명하며 즐기고 있다. 하지만 유희는 붉은 가면이 죽음의 공허만을 드러내면서 끝나버린다. 이처럼 모든 것은 소멸이라는 요란한 연회로 완결되는 것이다.

그로테스크에 대한 처음의 설명과 유사한 두 번째 설명은 포가 그로테스크 장르의 규칙에 대해 심사숙고했음을 잘 보여준다. 그것은 때때로 환상에 대한 그로테스크에만 관련되는데,「킹 페스트」의 해학이 그 예이며, 이 소설에서는 술 취한 선원들이 페스트 감염 구역의 바리케이드를 넘어 페스트 왕과 왕비를 둘러싼 유령들의 우스꽝스러운 모임에 난입하는 사건이 그려진다. 하지만 이 수다스럽고 순한 유령들은 선원들과 독자들에게 아무런 공포심도 불러일으키지 않는다.『타르 박사와 페더 교수 요법』에 나오는 정신병원 내부의 그로테스크한 무질서는 이보다 더 으스스하다. 정상인과 광인, 의사와 환자는 처음에는 엉뚱하기만 했다가 점점 더 난폭한 혼돈 상태로 바뀌는 '엽기적 행위'를 통해 역할을 전도한다. 여기서 그로테스크는 삶의 그로테스크로 그대로 남아 있지만, 정상성과 광기가 거의 구분되지 않는 상태다. 그러나『그로테스크하고 아라베스크한 이야기들』에서 그로테스크는 대개 파괴 그리고 죽음과 연결된다.

■ 에드거 앨런 포 이후의 공포와 그로테스크

포는 그로테스크를 극심한 공포의 자극제로 여기는 일부 환상소설 작가들의 문체를 예고한다. 이에 관해 간략하게 살펴보자. 톰센의 지적처럼, 공포의 양상이 지배적이었던 18세기 고딕소설에는 이미 그로테스크가 자리하고 있는데, 매혹과 혐오가 뒤섞여 양면적 매력을 부여하는 앤 래드클리프^{Mrs. Radcliff} 작품들이 그 예다(톰센 1, 314쪽).

1787년에 출간된 윌리엄 벡퍼드^{William Beckford}(1759-1844)의『바테

크』는 동양 이야기 형식으로 일종의 슈퍼 파우스트를 다룬 작품이며, 말라르메와 바이런을 매혹했고, 공포를 불러일으키는 이미지의 과잉 그리고 주인공의 형이상학적 혼미스러움을 우스꽝스럽게 육체적으로 보상하는 그로테스크한 거인주의의 과잉으로 인해 한층 더 분명하게 그로테스크에 속하는 것처럼 보인다.

포에서 그로테스크는 종종 선배 작가들의 환상적 과장에 대한 거리 두기의 표시다. 그리고 포는 이를 패러디하기도 한다. 20세기 초에 활동했던 일부 환상소설 작가들은 그로테스크와 공포를 동일 현실에서 나오는 두 가지 양태로 간주해 연관 짓는다. 예컨대『그로테스크 문학』(1916)의 포리츠키Poritzky, 그리고『이상한 책』(1914) 선집의 서문을 쓴 소설가 슈트로블Strobl이 그러하다. 장 자크 폴레Jean-Jacques Pollet는 논문『20세기 초 독일의 환상 문학』(1985)에서 이 작품들을 인용하며, 현대 사회의 이모저모를 고발하기 위해 환상적 모티프들을 사용하는 당시의 경향을 지적한다. 예를 들어 독일의 오스카 파니차Oskar Panizza(1853-1921)의 소설에서는 밀랍 인형 전시실이 반교권주의를 비판하는 기회로 활용된다. 환상성이 그로테스크가 되어 풍자에 사용되기 시작한 것이다. 파니차는 또 다른 소설『달세계 이야기』(1890)에서 SF소설과 그로테스크-뷔를레스크를 혼합하는데, 전자의 특징은 한 대학생을 달 탐사를 떠나보낸다는 설정에서, 그리고 후자의 특징은 달에 거주하는 부부와 서른 명의 딸들의 인물상을 통해 드러나며, 대학생이 침대 밑에 숨어 추잡하기 이를 데 없는 이 가족의 일상을 지켜보는 이 작품은 성가정(聖家庭)을 공격하는 한 편의 반종교적 패러디다.

또 다른 양상은 음산함과 공포의 체계적인 사용과 관련되는데, 상상과 환상의 범위 안에서 이를 유지하는 것은 어려운 일이다. 성공을 위해서는 단편소설 작가 테오필 고티에$^{Théophile\ Gautier}$의 탁월한 재능이 필요한데, 고티에는 엘리쉬바 로젠이 분석한 바 있고 여전히 가치가 있는 그의 연구물 『그로테스크』(1844)에서 스카롱^{Scarron}과 같은 전기 고전주의 시기의 기인(奇人)들이나 바르베 도르비이$^{Barbey\ d'Aurebilly}$의 기교를 다루고 있으며, 특히 도르비이는 자신의 단편소설들에서 엉뚱함이 익살스러움으로 슬쩍 넘어갈 수 있는 바로 그 경계에서 정확하게 멈출 줄 알았던 작가다.

▰ 오스트리아의 한스 하인츠 에버스(1871-1943)

한스 하인츠 에버스$^{Hanns\ Heinz\ Ewers}$는 또 다른 양식의 예를 제공한다. 『거미』(1908) 같은 진짜 환상 단편소설 외에도, 그는 아이티 이야기를 다룬 『마말루아』처럼 이국적인 이야기들에서, 환상성을 그로테스크로 변화시키는 광기로 관습과 마술과 공포를 뒤섞는다. 피의 환상적 마법을 환기하는 의미심장한 제목의 또 다른 이야기 『토마토 소스』(1905)는 환상적이라기보다는 그로테스크하고, 그로테스크하기보다는 우스꽝스러운, 유혈이 낭자한 혼합물을 만들어낸다.

▰ 러브크래프트

미국의 러브크래프트Lovecraft(1890-1937)는 병적인 상상력 덕분에, 작품에 진정으로 그로테스크한 차원을 부여하면서도 유달리 환상적인 세계를 창조할 수 있었으며, 그런 점에서 그의 역할은 독특하다. 사실 러브크래프트는 우주적이고 몽상적인 이미지 외에 괴물들도 아주 훌륭하게 창조했으며, 점액질의 추악한 동물성이 인간성의 일부 흔적과 혼합된, 중세 그릴의 현대적 버전인 쇼거스가 하나의 예다.『잠재된 공포』에서는 또 다른 괴물들이 우글거린다. 이 작품에서 창작의 법칙은 일체의 역동성이 제외된 혼합 그리고 특히 플라스크와 점액질 안에서의 증식인데, 이는 그로테스크 원칙에 부응하면서도, 생기 넘치는 그로테스크와 반대되는 것이다. 더 정확히 말해서 이 형상들은, 우리가 카마르마이어의 '연골로 된 그로테스크'에 관해서 그 구조를 언급했으며 또 '그로테스카'의 종말을 의미하는, 전복된 그로테스크 원칙에 해당한다. 그 특징은 용해, 점성, 신장(伸張), 연성(軟性), 불확정성으로의 역겨운 이행 등이다. 진정한 그로테스크지만, 거꾸로 된 그로테스크다. 모리스 레비Maurice Lévy에 따르면, 러브크래프트의 괴물들은 "두렵기보다는 [...] 역겹다"(『러브크래프트』, Paris, 1872[27], 82쪽). 괴물들에 대한 공포감을 약하게 만드는 것은, 모리스 레비의 지적처럼, 러브크래프트의 인종차별주의가 혐오하는 뉴욕 최하층 빈민을 연상시키는 암시들이다. 두려움은 진정한 그로테스크라 할 수 있는, 무한하고 불분명한 증식의 움직임에 의해 유지되기 때문이다.

---

27) 역주) 원서에는 1872년에 출간된 것으로 나와 있으나, 실제로는 1972년에 출간되었다.

4장 그로테스크의 은밀한 침략. 플로베르, 도스토옙스키, 카프카

   환상성과 유사한 그로테스크는 그 유래 자체가 사실주의의 직접적인 지향점과는 거리가 먼 듯하다. 그렇지만 19세기의 켈러^{Keller}와 고골^{Gogol}의 작품, 심지어는 발자크^{Balzac}의 작품에서도 그로테스크를 만나며, 이들의 작품은 동물성이나 기상천외함이나 천진난만함에 의한 그로테스크 등, 온갖 종류의 그로테스크를 포함한다. 그러나 새로운 그로테스크는 다른 계보에서 찾아야 하는데, 이 계보의 끝에는 카프카가 있으며, 그 시작은 역설적이게도 겉으로 보기에는 현실을 가장 적게 왜곡하고 가장 정확하게 묘사한 플로베르^{Flaubert}다. 『보바리 부인』(1856)의 작가 플로베르는 브뤼헐에게 영감을 받아 1849년에 『성 앙투안의 유혹』을 쓰고 이후 끊임없이 수정한다. 괴테의 『파우스트』와 낭만주의적 환멸에 깊은 영향을 받은 단편 『스마르』(1839)에서, 악마 여크는 "진실한 것, 영원한 것, 우스꽝스러운 것, 그로테스크한 것"으로 규정된다. 이 어릿광대 악마는 『성 앙투안의 유혹』 초판본에 나타나며, 역설적이게도 엠마 보바리의 시골 생활에서도 등장한다. 우리는 여기서 두 가지 형태의 그로테스크를 구분할 수 있다. 하나는 샤를 보바리의 가엾은 평범함, 오메의 아찔할 정도의 어리석음, 그리고 이 비통한 이야기에 등장하는 인물들 모두의 비정상적인 행동과 관련된 그로테스크다. 그리고 이보다 더 교묘한 두 번째 형태는 스스로는 열망으로 벗어났다고 믿는 그로테스크 속으로 인물을 빠트리는 움직임이다. 엠마를 이 꿈에서 저 꿈으로, 이 애인에서 다른 애인으로 옮겨가게 하는 낭만주의는, 1902년에 심리학자 쥘 드 고티에$^{Jules\ de\ Gaultier}$가 『보바리즘』에서 제시했던 정의에 따르면, 인간이 "실제 자기가 아닌 다른 누군가로 자신을 인식하는" 경향으로 나타난다. 플로베르의 소설에서 이 경향은 여주인공이 갈망하는 이상과 현실의 삶 간의 그로테스크한 불균형으로 귀결된다. 엠마는 도망치고자 했던 그로테스크에 은밀하게 잠식되는 것이다.

『부바르와 페퀴셰』(1881)의 두 주인공은 성실하고 열정적으로 지식을 완성하려 애쓰지만, 그들 역시 그로테스크에 지배당한다. 편협한 지식인들과 부르주아 정신에 대한 캐리커처의 이면에서 우리는 그로테스크의 미묘한 형태를 발견하는데, 바로 셔우드 앤더슨$^{Sherwood\ Anderson}$(1876-1941)의 소설 『와인즈버그, 오하이오』(1919) 서문에서 등장인물인 노인이 명시하는 것으로, 그는 사람들이 생각을 진실로 바꾸는 그 순간부터, 그리고 "그 진실 가운데 하나를 사유화해서 '자신의' 진실이라고 부르며, 그 진실로 자신의 삶을 통제하는" 그 순간부터 모든 인간은 그로테스크한 존재가 된다고 단언한다.

때때로 간신히 알아볼 수 있는 이 기만적이고 잠복하는 그로테스크는 언뜻 보아 그로테스크의 대척점에 놓인 작품들, 예컨대 그로테스크의 적 그 자체라고 할 수 있는 괴테의 『친화력』에서도 이미 존재했다. 이 소설은 구체적이면서도 모호하게 그러나 신랄함을 유지하면서 변덕스러운 인물들의 모습을 보여주는데, 그들보다 사회적 지위가 낮으며 매우 젊은 여주인공에 의해 현실을 자각하는 극적 결말까지 이 인물들은 어느 정도 보바리 부인처럼 행동한다. 소설은 변덕스러운 심리를 다루면서 매우 현대적인 특성을 갖는다.

도스토옙스키

도스토옙스키Dostoevskii는 플로베르 다음으로 그로테스크에 새로운 맹렬함을 부여했다. 이런 의미에서, 『코』(1835)에서 캐리커처의 대가다운 면모를 보여주며, 『죽은 혼』(1842)에서는 부패한 세계를 훌륭하게 파헤친 고골보다 도스토옙스키는 더 멀리 나아갔다고 할 수 있다. 그의 소설 『분신』(1846)에서 그로테스크의 변신이 눈부시게 그려진다. 『지하로부터의 수기』(1864)에서는 "주저와 의심과 동요에 의해 만들어진 진흙탕에, 치명적이고 악취를 풍기는 진창"에 둘러싸여 끝없이 쉬지 않고 자신을 갉아먹는 생각의 그로테스크한 소용돌이가 섬세하게 묘사된다. 이러한 그로테스크는 근대성의 소설이자 러시아의 소설이라 할 수 있는 『악령』(1870)에서 더욱 확산한다. 어느 작은 마을에서 일어나는 정치적 음모의 이야기를 통해, 도스토옙스키는 모든 거짓된 가치들이 그 가치들의 연장선 위에 있는 비천하기 일쑤인 현실을 통해 그로테스크하게 변형되는 과정을 보여주기 때문이다. 그 정점의 한쪽에는 도스토옙스키가 멸시하고 몇몇 꼭두각시로 형상화되는 서양의 자유주의적 사유가 있고, 다른 한쪽에는 가장 허위적이고 가장 작위적인 낭만주의의 화신이자 위대한 그로테스크 주인공이며, 우스꽝스러움으로 그리고 (어린 여자아이를 강간하는) 추잡한 방법으로 댄디즘을 표현하는 스타브로긴이 있다. 이 주인공은 어쨌든 그의 분신들이며 하수인들인 허수아비 무리의 우상이다. 또 다른 그로테스크가 모든 것들을 파괴하려는 이 혁명가들을 이끄는데, 귀족 스타브로긴에게 매료되고 권력의지에 도취한 그로테스크다. 이렇게 해체된 세계에서 진실한 존재는 거의 남아 있지 않다. 그로테스크는 모든 층위에 존재한다. 단독 또는 집단 권력을 향한 의지와 '우월하다'는 생각에서 비롯하는 그로테스크는 우글거리는 괴물들을 탄생시킨다. 그로테스크의 움직임은 우월한 것이 열등한 것으로 지속해서 분열되는 움직임이다. 이것은 범죄 소설의 악마적 힘보다 훨씬 더 침투력이 강한 힘이기도 하다.

카프카, 그로테스크와 불확정

도스토옙스키의 경우와 마찬가지지만 좀 더 섬세한 그로테스크의 힘이 카프카의 작품에도 등장한다. 카프카의 그로테스크는 현대 그로테스크의 이해에 있어서 결정적이지만, 그 뉘앙스의 파악은 쉽지 않다. 카프카의 세계는 환상적이지 않다.『변신』(1916)에서 흉측한 벌레로 변해버린 회사원 그레고르 잠자를 보고 아무도 놀라지 않는다. 카프카의 작품에서 웃음은 카타르시스를 가져오는 웃음이 아니다. 그것은 여러 장면에서 불쑥 나타나는 그로테스크하고 불안한 웃음이다.『심판』에서 아버지가 침대에서 벌떡 일어나 셔츠를 올려 "전쟁의 상처를 보이면서" 아들에게 비난을 퍼붓는 장면이 그렇다. 『변신』에서 아버지가 아들에게 사과를 마구 던지기 전에 가장 좋은 제복을 차려입는 장면이나 "치마를 전부 잃어버린" 어머니가 아버지의 품에 안겨 아들을 살려 달라며 사정하는 장면도 마찬가지다. 카프카의 작품은, 동물성에 대한 암시부터 인물들의 혼종적 특징(1925년 작 『선고』에서 레니의 물갈퀴 달린 손가락)에 이르기까지 온갖 그로테스크 이미지들의 저장고와 같다. (1919년 작 『유형지에서』에서 갑자기 오작동하는 기계가 예시하듯) 그로테스크는 때때로 공포를 동반한다. 이러한 그로테스크는 현실로 침투한다. 그것은 먼저 평범함에 대한 세밀한 관찰의 층위에서 보인다. 클로드 다비드$^{Claude\ David}$는 여행기에서 기계적으로 연속해서 기록된 어느 여행자의 먹는 행위가 갑자기 그로테스크의 양상을 띠는 여러 대목을 인용한다(「그로테스크」, 『독일 연구』, janvier-mars 1988, 112쪽). 또 다른 층위에서는 그로테스크가 의미의 회피와 연결된다. 확실해 보이던 의미가 불확실하고 그로테스크한 암시로 변모하는 것이다. 시골 의사는 젊은 환자의 옆구리에서 "새끼손가락 정도로 통통하고 길며, 피가 잔뜩 묻어 붉은색인 구더기들"이 득실거리는 상처를 발견한다(카프카, 『단식 예술가와 다른 이야기들』, Paris, Gallimard, 1990, 116쪽). 다른 작품에서는 종교적 해석의 가능성도 보인다. 『변신』의 결말 부분에 보이는 그레고르의 고행이 그 예다. 그러나 어디서 튀어나왔는지 모르지만 "바구니를 머리에 이고 당당하게 계단을 올라오는" 정육점 점원의 이미지는 흔적을 흐릿하게 만드는 그로테스크 효과를 만든다.

하지만 이러한 양상은 단순한 유희가 아니다. 명백한 유희는 엄격함을 향한 의지에 해당한다. 전통적 논리의 단순한 연쇄에 만족하지 못했던 카프카는, 게르하르트 노이만Gerhard Neumann이 "미끄러지는 역설"[28]로 묘사한 방식을 선택한다(카프카, Darmstadt, 1973, 478쪽). 예-아니오의 딜레마에서 벗어나기를 갈망했던 카프카는 모순에서 벗어나기 위해 새로운 모순들의 끝없는 연쇄를 만들어낸 것이다.

그러나 이러한 미끄러짐은, 살펴보았듯이, 그로테스크의 특권적 형태이며, 실존적 불안에 해당한다. 카프카가 삶과 사회 안에서의 일관성에, 혹은 내세에 직면했을 때의 일관성에 접근하기 위해 시도하는 모든 방식은 전반적인 허술함과 유령 같으며 그로테스크한 존재들과 충돌한다. 『소송』에서 요제프 K를 검거하는 악덕 경찰들, 행정 관리들, 변호사 훌트, 그리고 요제프 K와 그의 '소송' 사이를 가로막고 서 있는 여러 꼭두각시가 바로 그들이다. 이들은 측량사 K가 미심쩍은 고용주를 만나려고 헛되이 찾아다니는 『성』(1926)에서도 나타난다. 그로테스크는 마을에, 브뤼헐의 그림에 나올법한 얼굴을 한 농부들에, 그저 만족해하는 하찮은 몇몇 권력자들에, 그리고 성 그 자체에 자리 잡고 있다. 여기에서도 규칙은 미끄러짐과 희석과 불확정이다. 사회 그리고 초월성 자체는 끊임없이 빠져나가고 해체되는 중이다.

부식성을 가진 이 불확정은 인간의 모든 행동에 관련되는데, 예를 들어 『성』에서 K와 프리다가 쓰레기들과 맥주 자국들 가운데서, "바닥을 필사적으로 긁어대는 개처럼 서로를 쫓아다니게" 만드는 욕망과 관련된다. 여

---

[28] 역주) 손을 빠져나가는 것과 같이 잡으려고 애쓰지만 잡을 수 없는 것을 표현한다.

기서 그로테스크는 불확실성과 무능의 표식이다. 카프카의 장점은 이러한 불확정을 예술가의 현실과 연결했다는 것이다. 예를 들어 『가장의 근심』의 등장인물인 마리오네트 오드라덱에 대해 클로드 다비드는, 매우 적절하게도, 카프카 작품에 나타나는 그로테스크의 도식적 인물이라고 생각한다(*op. cit.*, 110쪽). 오드라덱은

> "종류와 색이 가지각색인 채로 서로 잇대어진 데다가 마구 뒤섞인 낡은 자투리 실"이 감긴 "별 모양의 납작한 실패"를 닮았다(카프카, 『단식 예술가와 다른 이야기들』, 139쪽)[29].

우리는 여기서 불확정된 것의 구조 그 자체와 극도의 부조화를 발견한다. 집 안을 돌아다니는 이 이상하고 재빠른 존재를 가장은 '그로테스크한' 것으로 생각하고 화를 낸다. 카프카의 실존적 불안과 비논리적 논리와 항구적인 불안정의 형태가 다시 발견되는 것이다. 이러한 불확정은 부정적이지는 않다. 그것은 작가의 고유한 속성이자 그가 누리는 자유의 조건이며, 아마도 그의 천재성에 대한 조건이기 때문이다. 바로 이것이 1919년 카프카가 우리에게 남긴 메시지다. 이 작품에서 그로테스크는 명철함의 형태로 드러난다. 그렇지만 카프카는 결코 부조리의 파토스에 빠지지 않는다. 다른 사람들의 눈에 비친 오드라덱은 '그로테스크한' 동시에 매우 긍정적이기 때문이다. 예술

---

[29] 역주) 프란츠 카프카, 「가장의 근심」, 『오드라덱이 들려주는 이야기』, 문학과지성사, 1998, 100쪽.

가의 고민에 대한 후기 버전인 『굴』(1923-1924)에서는 다른 시각이 보인다. 창고이자 감옥인 곳으로 파고 들어간 짐승은 종국에는 죽음의 위협을 의미하는 강박적이고 무시무시한 휘파람 소리만을 듣게 된다. 그러고는 마비되어 움직이지 못하게 된다. 심한 불안감이 독특한 유머 감각으로 표현되는 카프카의 그로테스크는 결국, 베케트의 그로테스크와 마찬가지로, 불확정과 축소 사이에 위치하는데, 이 두 가지 요소 중 어디에 더 중요성을 부여하는지에 따라 이후의 작가들에게 카프카가 미치는 결정적 역할이 설명된다.

제4부 현대적 그로테스크의 변형들

1장 표현주의 회화에서의 그로테스크. 데포르마시옹, 신화, 비전

 감각과 문체의 격동적 변화로 20세기 초 독일과 유럽의 예술에 깊은 영향을 준 표현주의를 단순히 문장 몇 개로 정의할 수는 없다. 우리는 표현주의에서 『소송』의 작가와 관련해 언급되었던 양상 하나를 다시 살펴볼 것인데, 카프카의 작품에서처럼 불확정을 향한 우회로 표현되는 것이 아니라, 표현주의 작가가 거부하는 현실의 체계적 변형으로 표현되는, 해소되진 않은 극도의 긴장이 그것이다. 전반적인 불만족은 이미 독일 낭만주의의 요점이었지만, 그 불만족은 아무것에도 얽매이지 않고 모든 표현방식을 탐구하는 욕망의 형태로, 독특한 아이러니의 형태로 표출되었다. 표현주의 작가의 작품에서 아이러니는 변형의 그로테스크로 탈바꿈한다. 여기에는 두 가지 이점이 있다. 한편으로는 수용할 수 없는 현실을 거부할 수 있게 해주고, 다른 한편으로는 낭만주의의 내면성과 확연하게 구분되는 내면적인 삶에 대한 투사라는 새롭고 근본적인 요구에 부응한다는 것이다. 극한까지 나아가고자 하는 이러한 비전은 황홀경에 접근할 수 있는 하나의 수단으로써 변형을 차용한다. 따라서 그로테스크는 표현주의의 결론이 아니라, 가끔은 절대 통과할 수 없는 핵심적 단계다. 여기에서 하나의 방식으로는 환원될 수 없는 다양하고 복합적인 표현방식들이 생겨난다. 그리고 표현주의의 정점은 그로테스크 형태들이 없어질 수도 있는 환원으로 나타난다. 그로테스크 형태들은 오히려 표현주의의 주변에서 찾아진다. 그 형태들은 재료의 사용을 제한함으로써 감정적 긴장을 조절하는 회화에서 더욱 두드러지게 나타나고, 반면 문학에서는 표현주의자가 자기 내면의 혼미스러움에 더 쉽게 빠져들 수 있다.

앙소르의 가면들. 산 자의 찡그린 얼굴

회화에서는 화가 두 명이 핵심적 역할을 한다. 앙소르^{Ensor}와 쿠빈^{Kubin}이다. 앙소르(1860-1949)는 플랑드르 표현주의를 창시한 천재적 선구자이며, 그의 계승자들보다도 훨씬 더 멀리 나아간, 현대 그로테스크의 위대한 거장이다. 그의 업적은 그로테스크의 유산으로부터 출발해, 그 유산을 거부하지 않는 새로운 표현방식으로 이행되는 과정을 보여준다는 점이다. 그는 자신이 존경하는 칼로나 고야와 마찬가지로 그로테스크 카니발 전통에 속한다. 라블레의 독자이기도 한 그는 넘치는 생동감을 통해, 상상력이 가진 유희적 힘과 그를 민중 화가로 만들어준 풍부한 활력을 통해 라블레의 세계에 합류한다. 앙소르의 스타일은 매우 다양하다. 특히 <악마들의 전투>, <환상적인 음악가들>, <천사와 대천사를 구타하는 악마>와 같은 1888년의 익살스러운 데생들에서, 브뤼헐의 전통에 따른 칠죄종(七罪宗)에 대한 그림에서, 그리고 시사적 인물, 의사, 판사 등의 인물들을 조롱하는 다수의 판화에서 보이듯 그는 익살스러운 풍자의 거장이자 '빈정거림'의 전문가다. 라블레처럼 앙소르도 분뇨담을 꺼리지 않는데, 예를 들어 <위에도 페스트, 아래에도 페스트, 사방이 페스트>와 같은 데생에서는 산책로의 벤치 아래에 있는 배설물에서 김이 피어오른다.

하지만 앙소르의 그로테스크는 다른 층위에 위치한다. 라블레 외에 에드거 앨런 포 또한 그가 선호하는 작가 중 한 사람인데, 앙소르는 포의 「킹 페스트」와 「홉 프로그」의 삽화를 그리며 이미 웃음에서 두려움으로 옮아간 바 있다. 그는 대조를 통해 그로테스크에 대한 자신의 재능을 증명한다. 이는 그가 1883년부터 거의 외곬으로 전념했던 가면 그림들에서 분명하게 나타난다. 이 그림들은 하나의 체계화이자 그로테스크한 환원의 형태이면서, 동시에 새로운 풍요로움이기도 하다. 왜냐하면, 이 가면들은 이중적인데, 한편으로는 환희와 환락의 카니발에서 울긋불긋 장식된 채 웃음을 자아내기도 하지만, 다른 한편으로는 웃음과 불안 사이에 걸쳐져 비극적이고 환상적이기 때문이다. 캐리커처 작가들과 달리, 앙소르에게 가면의 사용은 단순히 행동을 제한하거나 정념과 방탕함을 그려내려는 의지의 표현이 아니라, 새롭고 강렬한 예지력에 대한 그의 선택을 설명한다. 앙소르의 위업은 유령 같은 것과 살아 있는 사람, 환각과 노골성을 결합할 줄 알았다는 데 있다. 그런 의미에서 그는 진정으로 그로테스크하며, 플랑드르 표현주의의 대표자다. 그의 가면들은 무한히 다양하다. <그리스도의 브뤼셀 입성>은 우스꽝스럽고 익살스러우며 얼빠지고 착각을 일으키는 가면들로 가득 찬 놀라운 프레스코화다. 비전과 전통적인 소극과 신성모독이 결합한 이 작품은 표현주의 그 이상에 위치하기도, 또 그 이하에 위치하기도 한다. 그리고 이 작품은 몽환 상태를 포함하는 동시에 현실에 뿌리내린 내면의 투영이다. 그래서 앙소르의 작품에서 환각은 종종 거의 사실적 양상을 띤다. 찌푸림과 생기가 만나는 것이다. 그는 혼돈을 그리는 화가인 동시에 벨기에 사회를 그리는 화가이기도 하다. 전쟁이 일어나기도 전에 전쟁을 묘사했던 일부 표현주의자의 작품에서와 마찬가지로, 그의 작품에는 사실주의와 예지가 하나로 결합해 있다. 하지만 죽음 자체가 삶의 색채를 띠는 탁월한 이미지들을 표현한다는 점에서 앙소르는 다른 표현주의자들과 구분된다. 해골이 험악하게 하품하는 배경 위에 조롱하고 바보 같고 돼지 같고 간사한 가면들이 모습을 보이는 <음모>(1890) 같은 작품이 그 예다.

에드바르트 뭉크

그로테스크와 표현주의에 가까운 노르웨이의 화가 에드바르트 뭉크$^{Edvard\ Munch}$(1863-1944)의 그림들을 살펴보면, 앙소르의 스타일이 독창적이라는 것을 잘 알 수 있다. 뭉크의 그림 속 인물들 대부분은 두려움과 죽음에 대한 경련 상태에 있다. 예컨대 저 유명한 1893년 작 <절규> 또는 1894년 작 <불안>에서 볼 수 있는 경이로운 아라베스크 양식은 생기 넘치는 팽창이라기보다는 강박적 혼미스러움을 연상시킨다. 작품의 소재는 심리적이며 무의식의 유동 상태를 표현한다. 이는 몽환이 지배하며 특히 그로테스크가 축소에 대한 현기증으로 나타나는 표현주의 형태와 관련된다.

■ '브뤼케', 놀데, 신화적 그로테스크

독일 표현주의 화가들은 앙소르로부터는 가면을, 뭉크로부터는 혼미스러움을 물려받았다. '브뤼케Brücke' 그룹[30]의 작품에서 1905년부터 가면의 영향력이 매우 뚜렷해지며, 헤켈Heckel, 슈미트 로트라프Schmidt-Rotluff, 페히슈타인Pechstein, 키르히너Kirchner의 그림에서 가면은 매번 다른 방식으로 표현된다. 하지만 다른 영향도 있으며, 특히 원시 예술의 영향은 그로테스크에 새로운 의미를 부여한다. 이러한 양상은 1906년부터 1907년까지 브뤼케의 일원이었던 놀데Nolde(1867-1956)의 작품에서 볼 수 있다. 놀데는 렘브란트, 고야, 도미에의 영향을 받아 아주 일찍부터 캐리커처와 그로테스크에 재능을 드러낸다. 그는 이미 신화적 성격을 띤 작품들에서 스위스의 산들을 그로테스크한 머리로 변형시킨 바 있다. 이어서 그는 인간의

---

30) 역주) 1905년 드레스덴에서 키르히너 등이 결성한 예술 단체로 독일 표현주의를 대표한다.

얼굴을 점점 더 신화적 의미로 해석한다. 지옥의 군대를 가면의 모습으로 그려낸 1896년의 여러 데생이 그 예다. 바로 여기에서 신화적 그로테스크라 부를 수 있는 독일 표현주의의 중요한 특성이 나타난다. 신화성과 황홀경의 성질을 띠며, 원시 예술로부터 영감을 받아 생명력 또는 이 생명력과 연관된 종교를 그로테스크 스타일로 표현하는 새로운 혼미스러움이 데포르마시옹을 지향하는 추세를 풍부하게 만드는 것이다. 놀데의 종교화 <조롱받는 그리스도>(1909)나 <십자가에 못 박힘>, 다른 부류의 그림으로는 <황금 송아지를 에워싼 춤>이나 그 유명한 <캔들 댄서>(1912)가 그 표현의 강렬함 덕분에 종종 엔소르를 연상시키는 색채와 선의 소용돌이로 그로테스크와 황홀경을 혼합시킨 작품들이다.

쿠빈과 그로테스크한 꿈

표현주의를 이끌었던 오스트리아의 화가이자 작가인 알프레트 쿠빈 Alfred Kubin(1877-1959)의 작품이 예시하듯, 그로테스크와 신화는 복합적인 조합을 만들어낸다. 쿠빈의 작품은 그로테스크 스타일의 보고(寶庫)라 할 수 있다. 무엇보다 쿠빈은 사회적 과잉, 거짓된 위대함, 풍습, 다양한 히스테리 등을 <퍼레이드>(1897)의 거인 병사, <나폴레옹>(1941)과 <워털루>(1946), <장관(長官)>(1900), <소극(笑劇)>(1935)에서 바퀴 위에 올라탄 주교 등을 통해 표현한 캐리커처 전문가다. 캐리커처는 대부분 그로테스크로 이행하는데, 예를 들어 <오만>(1900)에서 공작새 깃털이 잔뜩 달린 풍만한 몸을 자그마한 다리가 지탱하는 여성의 이미지들에서 그러하다. 펠리시앵 롭스$^{Félicien Rops}$의 작품처럼 익살스러움과 에로틱함이 결합하여 악마적인 것에 이르는 1900년의 <뱀 부인>과 <요정>의 이미지는 한층 더 불안하다. 성(性)과 죽음을 합치는 <거미>(1902)도 마찬가지다. 1901년 작 <그로테스크한 구성>에서는 흉측하게 생긴 암컷 스핑크스가 거대한 유방으로 사막의 모래를 짓누르고 있다.

쿠빈은 자신의 데생 작품에 보스, 브뤼헐, 고야뿐 아니라 뭉크, 앙소르, 르동^{Redon}, 롭스로부터 받은 다양한 영향을 조합함으로써 현대의 괴물의 발명가로 자리매김하며,『악마 같은 것들』의 서문에 실으려고 그린 습작 삽화 <보스의 괴물들>에서 볼 수 있듯 롭스 또한 환상적이고 익살스러운 괴물들의 발명가다. 현대의 히에로니무스 보스로 여겨지는 쿠빈은 <세속적인 쾌락의 동산>의 모티프들을 빌어와, 머리에 깃발을 꽂은 인간의 군대가 으스스하면서도 가소로운 모양의 거대하고 육중한 탑 발치에 있는 지옥 구덩이를 향하는 그림을 구성한다(<지옥 입구>, 1901년 작).

1900년 작 <거대한 머리>는 보스와 브뤼헐이 많은 인물을 가두었던 구체에서 영감을 받은 작품으로, 몸뚱이 여러 개가 하나의 거대한 머리에 이어 붙은 우주적 괴물의 모습을 창조한다.

이러한 구성들에서 그로테스크와 신화적인 것은 서로 결합해, 쿠빈의 작품에서 자주 등장하는 다양한 동물들을 표현한다. 사자, 악어, 물소, 황소, 숫염소, 늑대, 흡혈박쥐, 쥐, 전갈 등이 있으며,『다른 한편』에 등장하는 앞을 보지 못하는 말(馬)이나 1903년 작 <잡종마>처럼 놀라운 말들도

빼놓을 수 없다. 1900년 작 <그로테스크한 동물>은 브뤼헐의 기이한 괴물들을 우스꽝스러운 괴물로 바꿔버린다. 그러나 뛰고 날며 기어 다니는 이 존재들은 쿠빈의 소설 『다른 한편』의 결말에서 마을을 덮치는 동물들처럼 대개 인간에게 덮쳐드는 신화적인 힘을 구현한다. 이러한 힘은 종종 인간과 동물의 혼종으로 표현되는데, 예를 들어 고대의 투구로 얼굴을 가린 채 식칼을 휘두르며 인류를 짓밟으려고 편자를 박은 거대한 발을 쳐드는 거인 병사 같은 모습이다. <전쟁>(1901년, 1918년)이라는 제목의 이 삽화는 독일 표현주의의 그로테스크하고 신화적인 스타일에 속하며, 게오르크 하임$^{Georg\ Heym}$의 시 「전쟁」을 연상시킨다.

그로테스크는 쿠빈의 작품 곳곳에서 뜻밖의 방식으로 가공의 존재들과 결합한다. 이러한 구성은 명백히 몽환적 특성을 가지며, 쿠빈이 그로테스크와 환상성 사이에 자리하고 있음을 보여준다. 그가 초현실주의와 아주 가까이에 있음을 보여주는 놀라우리만치 그로테스크한 꿈에서 특히 그의 독창성이 드러난다. 『다른 한편』의 제2부 5장 마지막 부분에 삽화로 그려진 꿈이 바로 이를 증언한다. 혼란스러운 풍경 속에, 생경한 인물들이 아주 특이하게 자리를 차지하고 있다. 메뚜기 다리가 달린 어떤 사람이 나무에 걸터앉아 허공에 대고 낚시질을 하며, 낚은 물고기는 나뭇가지에 걸어 말리고 있다. 짧은 다리로 서 있는 한 늙은이는 마치 아코디언의 건반처럼 사용하는 열여덟 개의 젖가슴이 촘촘히 박힌 강대한 상체를 과시한다. 땅에서는 돼지들이 무리 지어 달려가고, 끝이 잘린 다리 위에 얹힌 수많은 시계가 분주하게 똑딱거리며 기어간다. 우리는 이 삽화를 브뤼헐의 <네덜란드

속담>의 변형 가운데 하나로 생각할 수도 있지만, 여기서는 그로테스크가 꿈을 지탱하고 꿈과 뒤섞이기에 브뤼헐보다 더 환상적이다.

그로테스크와 초현실주의

초현실주의의 계획에 그로테스크가 포함되어 있었던 것은 아니지만, 쿠빈의 그림은 그로테스크와 초현실주의를 연결하도록 유도한다. 우리는 실질적인 유사성에서보다 모티프의 차원에서 더 잘 드러나는 이들의 조우에 대해서만 간단히 언급하려 한다. 여기서 중요한 것은 논의 범위를 정확하게 정하는 것이다. 그로테스크에서 몽환과 관련된 부분은 모두 초현실주의에 가까운 것이 사실이지만, 이 부분을 여전히 그로테스크라고 할 수 있을까? 끊임없이 생물과 무생물을 연결하는 키리코^{Chirico}의 생경한 작품세계는 그로테스크의 오토마타화(化)보다는 환상성의 영역에 더 많이 속한다. 그로테스크의 관계는 '연골의 그로테스크'를 연상시키는 탕기^{Tanguy}의 작품 속 공간의 부드러운 증식에서, 달리^{Dali}의 놀라운 혼합에서, 계(界), 공간, 신체, 신체 부분들 사이의 경계를 뒤엎는 조합 기하학에서, 몽상의 과정에 한정되지 않는 혼합의 유희에서 더욱 분명하게 나타난다. 달리의 작품에서 아르침볼도의 이탈리아 기교파 화풍을 발견하는 볼프강 카이저는 매우 적절하게도 막스 에른스트$^{Max\ Ernst}$를 초현실주의자들 중 가장 그로테스크한 화가로 평가한다. 카이저는 자신의 이론에 충실하게, 특히 사물의 악마적 변형에서 이러한 그로테스크를 찾아낸다. 실제로 막스 에른스트에게서 그로테스크의 형태는 다양하다. 그는 1945년의 작품 <성 안토니우스의 유혹>에서 환상적 그로테스크 전통을 계승한다. 이 그림은 색채를 보면 환상성에 묻히지만, 세부적인 것을 보면 1941-1942년 작 <안티포프>에서도 찾아볼 수 있는 그로테스크한 환상에 속한다. 이 환상은 표현주의의 폭력성과 결합하여 1937년 작 <화덕의 천사 또는 초현실주의의 승리>에 큰 영향을 준다. 그러나 가장 그로테스크한 양상은 아마도 증식과 해체의 재능과 연결될 것이다. 이 재능은 1941년 작 <메꽃, 메꽃>과 같은 자연의 이미지들이나 1940-1941년 작 <비 온 뒤의 유럽>에서처럼 서양의 문화적 배경이 해체되는 시각을 표현한 이미지들에서 발휘된다. 이 점에서 막스 에른스트는 쿠빈 작품 속의 몇몇 혼미스러움의 형태와 가깝다.

쿠빈의 『다른 한편』과 마이링크의 『골렘』에서의 그로테스크

쿠빈의 소설 『다른 한편』(1909)은 비현실적이고 혼란스러운 분위기를 띠고 있으며, 모든 것이 분산(分散)과 희석(稀釋)의 법칙을 따르는 것처럼 보인다. 소설의 삽화들은 이러한 양상을 더욱 강조하는데, 예를 들어 1903년 작 <습지 식물>이나 그보다 나중에 그려진 데생 <습지의 머리>(1945년경)에서는 육체가 자연과 완전히 뒤섞여 있다. 여기서 그로테스크는 '연골 그로테스크'에서와 마찬가지로 해체의 과정에 해당한다. 하지만 쿠빈은 풍화의 화가, 분해의 화가, 데카당스의 화가이기도 하다. 『다른 한편』은 화자가 아내와 함께 꿈과 자유를 의미하는 동양의 한 수도로 망명하기 위해 서구 문명을 벗어난다는 점에서, 일단 불확실하고 환상적인 꿈에 관한 소설이다. 그러나 미미하거나 그로테스크한 사람들과 낡아빠진 물건들이 이질적으로 모여 있는 이 페를레라는 도시는 오스트리아 제국처럼 점차 분할되기 시작하고, 도시의 신비한 지배자 파테라의 오줌 줄기에 쓸려온 폐허와 시체 더미라는 그로테스크하고 묵시록적인 광경으로 변해버린다. 지배자와 라이벌 관계인 미국인 벨은 급기야 기화하고 쪼그라들어 성기로만 남아서, 벌레처럼 땅바닥 위에서 몸을 뒤틀다가 완전히 사라진다.

『다른 한편』은 마이링크Meyrink의 『골렘』(1915)과 비교해볼 만한데, 이 소설에서 일부 사건은 이질적이고 타락한 인간들이 근근이 생계를 이어가는, 폐쇄되고 미로 같으며 증식하는 공간인 프라하의 유대인 게토에서 전개된다. 이 공간은 어느 날 저녁 소리를 지르며 자신의 목숨을 노리는 무뢰배들에게 쫓기던 화자가 겨우 유곽 화장실에 몸을 숨기는 페를레의 프랑스 구역보다 훨씬 더 노골적 그로테스크 묘사에 적합하다. 두 소설 모두에 나타나는 분신의 테마는 그로테스크의 특징과 관련된 또 다른 유사성을 생각나게 한다. 하지만 이 테마는 두 작가에게서 전혀 다르게 나타난다. 마이링크는 주인공을 여러 분신과 맞닥뜨리게 하고, 때로는 그 분신이 그로테스크한 마리오네트의 형태를 띠기도 하지만, 작가는 주인공을 내면에 존재하는 악마를 상징하는 골렘이라는 영속적이고 전설적인 형상에 끊임없이 연결한다. 이 골렘은 아힘 폰 아르님Achim von Arnim의 『이집트의 이사벨라』(1818)[31])에 등장하는 익살스러운 골렘과 무관하며, 카프카의 작

---

31) 역주) 원서에는 1818년이라고 되어 있으나, 독일어 출간연도는 1812년이고, 프

품이나 『다른 한편』에 뚜렷하게 나타나는 그로테스크한 분신과도 아무런 관련이 없다. 조물주 파테라는 혼종적 존재로, 어떤 모습으로도 변신할 수 있으며, 그의 얼굴은 그로테스크식 변형을 통해, 숭고했다가 아름다웠다가 흉측했다가 찡그린 모습으로 바뀐다.

그로테스크와 다다이즘, 딕스와 그로스

쿠빈은 20세기 초 그로테스크의 정점을 대표하며, 이 분야에서는 같은 시기 또는 그 이후에 활동한 표현주의 화가들보다 훨씬 더 중요한 인물이다. 이 시기가 끝날 무렵 그로테스크는 다다이즘의 영향 아래 부활하는데, 특히 게오르게 그로스$^{George\ Groß}$(1893-1959)와 오토 딕스$^{Otto\ Dix}$(1891-1969)의 작품이 대표적이다. 다다이즘 시대는 오토마타에 매료되어 그 이중적 양상을 수용한다. 오토마타가 한편으로는 활력을 잃은 사적 공동체의 상징이라는 점, 다른 한편으로는 현대 문명의 마스코트, 즉 미래파 예술가들이 찬미한 새로운 결합의 가능성이라는 점이 그것이다. 그로스와 딕스는 다다이즘 몽타주로 잘 알려져 있다. 머리 없는 인형들로 구성된 그로스의 몽타주는 카를로 카라$^{Carlo\ Carra}$나 조르조 데 키리코의 스타일을 연상시킨다. 예컨대 1920년의 두 작품 <무제>와 <공화주의 자동인형>은 구체, 실린더, 둥근 지붕, 그루터기를 조합한 작품이다. 같은 해에 발표된 딕스의 콜라주 <스카트 게임을 하는 사람들>과 <프라하 거리>는 사실적 세부 묘사와

랑스어 번역본은 1856년에 출간되었다.

자유분방한 환상, 가면의 강렬한 색채와 복잡하게 뒤얽힌 보철물을 다른 스타일로 결합한다. 두 작가 모두에게서 오토마타화, 즉 인간의 사물화라는 특징을 가진 독창적 그로테스크 스타일이 나타난다. 이 스타일은 새롭게 강력한 힘을 받은 현대적 그로테스크의 기능 중 하나다. 표현주의자들의 신비적 파토스를 거부하는 다다이즘, 이 "디오니소스적 칠장이들"(카를 아인슈타인^{Carl Einstein})은 역설적이게도 새로운 객관성을 찾는 흐름에 일조하는데, 오토마타 그 자체가 바로 사회를 대변하기 때문이다. 이러한 관점에서 이 두 화가가 공격적 진실주의[32] 형태로 옮아가는 것은 당연한 발전이라 하겠다. 그들에게 그로테스크란 현실의 직접적 형태다. 그들은 이 양식을 다양한 영감의 원천으로 활용한다. 그들은 종종 공통의 모티프를 사용하기도 한다. 연금수령자에서 독재자에 이르기까지 사회의 비참함과 거짓 권력을 구현한 모든 인물이 그 예인데,『위비 왕』의 동물 같은 인물 전체이기도 한 이들은 잡지『짐플리치시무스』의 캐리커처 작가들과의 교류 덕분에 형성된 그로스 작품의 특징을 보여주며, 외견상 순진해 보이지만 실제로는 잔혹함의 형태라고 할 수 있다. 한편 딕스는 그로테스크 전통과 연결된다. 튀어나온 눈과 송곳니를 드러낸 입의 그로테스크함으로 공포를 배가시킨 1917년 작 <돌파>와 같이 전쟁을 소재로 한 작품에서 그는 <전쟁의 참화>를 그린 고야와 만난다. 딕스에게 전쟁은 피가 낭자한 익살이며, 1923년에는 한 편의 데생 작품 안에 상이군인의 흉측하게 일그러진 얼굴과 매춘부의 그로테스크한 낯을 조합한다. 그로테스크는 곳곳에 존재하며 현실

---

32) 역주) 19세기 말엽 이탈리아의 자연주의적 문학·음악 운동.

에 미치는 시선에 따라 달라지는데, "세상만사가 변증법적이고", "상반되는 것들은 다시 합쳐지기 때문이다. 여기서 우리는 엄숙한 것 그리고 이와 인접한 희극성을 발견한다." 딕스의 이 말은 위고의 '그로테스크와 숭고한 것'을 상기시킨다. 1922년의 에칭 <거울 앞의 소녀>는 이러한 변증법적 공존을 아주 잘 보여준다. 소녀의 뒷모습은 포동포동하고 선정적이다시피 하지만 거울 속에서는 얼굴과 가슴과 성기가 그로테스크하며 비쩍 마른 노파의 모습으로 비친다. 거울의 역할은 아름다움을 보여주는 것이 아니라 추함을 폭로하는 데 있는 것이다. 1922년 작 <강간 살인>에서는 배가 갈라진 한 여성의 끔찍한 시체 옆에서 작은 개 두 마리가 교미하고 있다. 위고와 보들레르처럼 추함에 매료된 딕스는 현실의 내면에 존재하는 그로테스크한 대조와 강렬함의 화가다. 이러한 의미에서 그는 여전히 표현주의에 가깝게 머물면서도, 새로운 표현 양식에 도달하기 위해 신화화하거나 단순화하는 변형에서 벗어나려는 표현주의의 욕구를 아주 잘 대변한다.

2장 표현주의 연극에서의 그로테스크, 팬터마임, 축소

　표현주의의 욕구는 문학의 영역에서 더 분명히 감지된다. 우리는 그로테스크에 그다지 적합하지 않은 서정시보다는 표현주의에 더 특화된 형태인 연극에서 이와 관련된 몇 가지 예를 제시할 것이다. 물론 이와 같은 현상은 회화에서도 찾아볼 수 있다. 표현주의 운동 이전의 예술가들은 이 운동의 '전통적' 대표자로 여겨지는 예술가들보다 더 그로테스크할 수 있다. 하지만 이 규칙이 절대적인 것은 아니다. 연극에서 표현주의의 아버지로 불리는 스트린드베리^{Strindberg}의 희곡은 매우 넓은 의미에서가 아니면 그로테스크라고 볼 수 없기 때문이다. 스트린드베리의 초기작들에는 그로테스크 특성이 존재하며, 이 작품들에서는 고전주의적 심리극이 원형적 힘들이 완전히 연소할 때까지 서로 대립하는 연극이 된다. 이러한 원초적 힘들의 대립은 그로테스크의 양상을 동반하며,『율리에 아가씨』(1888)의 히스테리에서, 그리고 더 뚜렷하게는『아버지』(1887)에 등장하는 라우라의 히스테리에서 이 양상을 볼 수 있다.『다마스쿠스까지』(1898)에서는 후대의 연극에서 본질적 요소가 되는 반복의 리듬이 그로테스크를 구성하지만,『꿈의 연극』(1902)에서 몽환은 그로테스크와는 다른 길로 우리를 인도한다.

베데킨트의 작품에 나타나는 그로테스크의 양극단

베데킨트Wedekind와 슈테른하임Sternheim의 작품에서는 그로테스크가 훨씬 더 잘 드러난다. 베데킨트(1864-1918)는 매우 혁신적인 여러 편의 희곡을 집필한 작가이다.『눈뜨는 봄』(1891)은 그 부제에서 알 수 있듯, 가족과 교육자들이 형상화하는 그로테스크한 힘 때문에 망가지는 '어린이들의 비극'이다. 여기서 교사들은 베데킨트가 1896년부터 함께 작업했던 잡지『짐플리치시무스』의 데생을 연상시키는 캐리커처 스타일로 그려진다. 그러나 희극성은 불쾌하게 표현되며, 사회 전체를 침식하고 때로는 죽음의 동의어가 되는 악의적 그로테스크 형태로 비극과 결합한다.

1895년과 1902년에 두 편으로 나뉘어 발표된 복합적 '비극'『지령(地靈)』에서는 그로테스크의 의미가 완전히 달라진다. 이 작품은 구혼자들을 이용한 뒤 살해하는 요부(妖婦)의 이야기로, 1부의 마지막에서 그녀는 살인 혐의로 9년 형을 선고받는다. 하지만 그녀는 탈옥에 성공해 파리로 피신했다가 다시 런던으로 도망치는데, 그곳에서 여러 번의 실패를 경험한 다음 한 사디스트에 의해 살해된다. 이러한 출세와 그리고 몰락의 이야기는 희극처럼 읽힐 수 있으나, 여주인공 룰루는 그녀를 키워주고 또 포주처럼 그녀를 조종하는 남자의 피해자이기도 하다. 이런 의미에서 이 작품은 한 편의 비극이며, 최후의 몰락을 묘사하는 부분이 그 절정이다. 룰루에 대한 팬터마임 <춤추는 여자 광대>에서 영감을 받은 것으로 보이는 이 작품은 서커스 스타일을 연상시킨다. 프롤로그에서 조련사가 관객에게 서커스의 동물들을 소개하는데, 여기서 야수 중의 야수는 피에로로 분장한 룰루다. 바로 여기서 베데킨트의 독창성이 드러난다. 룰루는 신화이며 스트린드베리 풍 여성의 원형이지만, 동시에 그녀는 매우 활기차고 늘 매혹적이며, 비록 내면에 본능의 힘을 가지고 있지만, 스트린드베리의 여성들에게서 가끔 보이는 막연한 식인귀와는 매우 다른 인물이다. 마임의 특징이 지배적인 이 작품의 등장인물들은 『카이트 후작』(1901)에서 그로테스크한 결투를 벌이는 난봉꾼과 도덕가가 어릿광대에 불과한 것과 마찬가지로 꼭두각시일 뿐이다. 룰루는 넘치는 생명력으로 이런 세상을 지배하지만 마지막에 가서는 결국 그녀도 마리오네트가 되고 만다. 이 희곡은 그로테스크의 두 가지 스타일을 보여준다. 절제되지 않은 리듬에서는 표현주의의 '예수 고난극'에 가깝지만, 그로테스크의 풍요로움과 생명력이 고스란히 간직된 작품이다.

■ 슈테른하임의 모호한 그로테스크

베데킨트와 마찬가지로 슈테른하임(1878-1942)도 그로테스크의 여러 양식을 혼합한다. 『바지』(1911)는 생생한 풍자의 걸작으로 노골성과 신랄함을 결합하고 있다. 슈테른하임의 걸출함은 테오발트 마스케라는 의미심장한 이름의 주인공에게 예기치 못한 면을 부여하면서 빌헬름 시대의 소부르주아를 독하게 풍자하지만, 이를 전통적으로 보이는 희극의 형태로, 그리고 소극과 통속극 취향으로 보여준다는 점이다. 그 자체로는 별 의미 없지만, 하급 관리 마스케의 소심한 논리에 따라 파국적 의미를 담게 되는 사건에서 출발하는 이 연극에서는 모든 것이 놀라울 뿐이다. 마스케의 아내는 황제의 행렬과 멀지 않은 곳에서 자신의 속바지를 잃어버린다. 그러나 그의 파멸을 가져올 수도 있었던 이 스캔들은 그에게 출세의 기회가 된다. 그가 막 아내를 때렸을 때, 새로운 세입자들이 이 전대미문의 사건에 끌려 그의 집에 들어온다. 역설적이게도, 새로운 세입자들 덕에 이익을 보는 사람은 아내가 아니다. 그녀가 받는 유일한 찬사는 그저 말일 뿐이다. 반면에 속 좁고 폭력적인 남편은 이 사건 덕분에 권력, 돈, 여성들의 인기를 얻게 되며, 자기 집에 세든 이발사 만델스탐과 지식인 스카론 같은 못난이들을 마주하면서 새롭게 우월감을 가진다. 이 하찮은 꼭두각시 두 명과 비교되는 마스케는 물론 우스꽝스럽지만 전능한 거인이며, 전통적 희극의 틀 안에서는 볼 수 없는 인물이다. 철저한 풍자가 이러한 유희적 양상에 더해진다. 테오발트의 쾌활함 뒤에는 시시한 사람이 의기양양하게 권력을 얻을 것이라는 점이 예고되어 있다. 빌헬름 시대의 사회상을 대표하는 또 다른 두 남자, 만델스탐과 스카론은 단지 허무만을 표상한다. '사색가' 스카론은 니체를 인용하며 서투른 과장법으로 표현주의적 긴장, 신화의 탐구, 황홀경을 패러디한다. 이 작품은 혼미스러운 소용돌이로 이어지는 파편적 문장들로 그리고 독특한 말의 힘으로 기술되어 있다. 이러한 의미에서 『바지』는 최초의 표현주의 희곡이지만, 역설적이게도 이미 표현주의에 등을 돌리고 있다. 슈테른하임의 그로테스크는 명철함의 그로테스크다. 당시의 현실을 연극으로 만든 가공할만한 무기인 것이다.

그로테스크와 축소, 게오르크 카이저

표현주의의 '고전'인 게오르크 카이저^{Georg Kaiser}(1878-1945)의 작품에서 축소는 그로테스크와 매우 긴밀하게 연결되어 있다. 카이저는 그다지 설득력이 없었던 '유혈이 낭자한 그로테스크 희곡'『방울소리 왕』으로 작품 활동을 시작했으며,『유대인 과부』(1911)에서는 주디트 이야기를 패러디하고,『간부의 남편 왕』(1913)에서는 트리스탄과 이졸데 신화를 패러디한 다음, 1912년의『아침부터 자정까지』에서는 평범한 현실에서 그로테스크를 발견한다.『아침부터 자정까지』에서 아름다운 미지의 여인을 유혹할 수 있다고 믿은 한 은행원이 그녀를 위해 은행에서 막대한 금액의 돈을 횡령한다. 그녀로부터 퇴짜를 맞자, 그는 일련의 짧은 경험을 하는 데 그 돈을 쓰면서 세상에 대한 도전을 시작하며, 어딘가에서 진실함이 주는 전율을 발견할 수 있으리라는 희망을 품은 채 인간과 사회를 탐색한다. 그러나 그가 발견하는 것은 전부 그로테스크하다. 자전거 경주장에서 마주치는 군중과 경쟁이 그로테스크하며, 나이트클럽에서의 인공보철물과 가면이 그로테스크하고, 하나같이 돈만 밝히는 구세군의 꼭두각시가 그로테스크하다. 세상은 돈이 주인인 음울한 소극이다. 그리고 천국은 속임수일 뿐이다. 종교, 가족, 신화(은행원과 죽음의 희화화된 만남에서 파우스트 주제가 소환된다)를 비롯한 모든 것이 패러디고, 마지막으로 새로운 인류의 낙원이 승리하리라는, 표현주의의 내재적 믿음조차 패러디이다. 은행원에게 남은 유일한 해결책은 스스로 목숨을 끊는 것이다. 표현주의의 격정은 몰락의 단계를 매우 빠르고 난폭하게 전개하는 '예수 고난극'식의 경이적인 극적 리듬에만 간신히 남아 있을 뿐이다. 행위의 시간을 느끼지 못하도록 하나의 흐름에 집중케 하는 이러한 서술은 살아있는 기간을 부정함으로써 그 자체로 비현실적이고 그로테스크한 무언가를 의미하게 된다.

3장 현대극에서의 그로테스크. 예증(例證)과 부조리 사이

몇몇 형식으로 인해 극도의 축소를 지향하는 표현주의는 독일이 주도한 하나의 실험이지만, 현대 그로테스크의 긴장을 잘 드러낸다. 연극에서 그로테스크의 역사는 1920년부터 끊임없이 표현주의의 실험을 참조하며 변형하고, 또 여러 갈래로 이 실험을 넘어선다. 먼저 비극의 규범에 비추어 점점 더 비인간화되고 낯설어진다고 여겨지는 현실을 체계적이고 부정적인 방식으로 표현하는 그로테스크의 용법이 있다. 다음으로 두 번째 경향은 연극에서 현실과 일체의 접점을 잃게 만드는 극단적 형태의 거리 두기로 나타난다. 부조리극이라고 불렀던 이 연극에서 그로테스크의 유산은 무엇일까?

뒤렌마트와 브레히트, 그리고 거리의 그로테스크와 거리 두기의 그로테스크

20세기 연극사에서 브레히트의 이름은 거리 두기와 연결되며, 뒤렌마트Dürrenmatt의 이름은 그로테스크와 연결된다. 스위스 극작가 뒤렌마트(1921-1990)는 그로테스크 연극의 대표자를 자처한다. 그는 그로테스크에 대해 다음과 같이 놀라운 글을 썼다. 그로테스크는 "연극에서 거리를 만들어내는 유일한 수단"이다. 그것은 "정확해질 수 있는 중요한 가능성 중 하나"다. 이 문장들은 그로테스크의 풍부한 차원을 확연히 축소하는 것처럼 보인다. 실제로 뒤렌마트에게 그로테스크는 핵폭탄과 독재의 시대에 우리의 감정에 낯설어지고 비인간화되어 나름의 비극 표현방식을 이제는 찾을 수 없는 이 세상을 표현하는 유일한 수단이다. 비극은 인간의 영역 안에 있기에, 오직 그로테스크만이 구체적 변동성을 통해 그 너머까지 갈 수 있고, 이 '표정 없는 세상'에 하나의 '표정'을 줄 수 있는 것이다. 그로테스크는 거리 두기 효과를 만들어내고, 관객에게 이제 우리 것이 된 이 믿기 힘든 세상을 발견하게 해준다.

뒤렌마트의 작품들은 그의 이론을 잘 보여준다. 그는 다양한 그로테스크 양식을 사용하며, 때로는 이를 동일 주제에 적용하기도 한다. 그의 첫 번째 희곡작품인 1946년의 『그렇게 쓰여 있느니라』는 1534년에 어느 재침례파 목회자가 일 년 동안 뮌스터의 왕이 된 놀라운 모험을 풍부한 그로테스크 스타일로 이야기한다. 이 작품은 자신들의 운명을 맞바꾸고 죽음으로 결합하려는 두 주인공이 지붕 위에서 춤을 추는 장면으로 끝나는 거대한 팬터마임이고, 뒤렌마트에게는 반전, 변절, 난장(亂場)으로 인물들이 얽히고설키고 리듬이 변화무쌍해지는 가운데 상상력을 화려하게 펼치는 기회였다. 20년 후, 뒤렌마트는 『재침례파 교도들』에서 이 주제를 더 건조하고 더 빠르며 더 간결하게, 다른 스타일로 다시 다룬다. 설교자는 권력을 탐하는 야심가, 기꺼이 영혼을 파는 사이비 예술가로 바뀌며, 그의 이면에는 히틀러의 모습이 겹쳐 보인다. 바로 여기서 작품을 시사성 안으로 밀어 넣고, 환상을 예증으로 바꾸는 그로테스크의 '발명'(독일어로 'Einfall')이 이루어진다.

   살던 마을에서 참혹하게 쫓겨난 한 여인의 복수를 다루는『노부인의 방문』(1956)에는 이 두 가지 스타일이 혼합되어 있는데, 여주인공은 나이가 들어 엄청난 부를 이룬 뒤 돌아와 마을 공동체에 거액을 내고 예전에 자신을 버린 남자의 목숨을 산다. 이 작품에서 '발명'은 억만장자의 껍질을 뒤집어쓴 가난한 여인의 귀환이다. 이로 인해 자본주의 폐해에 대한 비유와 집단의식의 비열함에 대한 우화의 결합이 가능해지기 때문이다. 작품에서 예증의 설명은 풍부한 그로테스크 이미지에 의해 가려져 있다. 의수와 의족을 한 노부인이 팔다리가 절단된 괴물 같은 시민 네 명에게 둘러싸인 모습은 단순한 비유에 불과하며, 관객을 혼미스럽게 만드는 기계화 과정으로 인도한다. 뒤렌마트는 역설을 훌륭하게 사용하며, 그의 작품에서 역설은 그로테스크와 혼동되는 경향이 보인다. 그렇지만 각각의 작품마다 현실의 정확한 모습을 그려내겠다는 그의 결심은 그로테스크의 체계화라는 위험에 빠질 수도 있다. 어느 정신병원에서 비밀을 숨겨야 하는 현대 지식인들의 드라마를 다루나,『걸리버 여행기』에서 볼 수 있는 기상천외함은 부족한『물리학자들』(1962)에서도 이 점을 확인할 수 있다.

   인간의 이미지를 훼손하고 파괴하는, 그로테스크하고 완전히 타락한 사회 구조를 보여주는 것이 현대 극작가의 임무라고 말하는 아놀트 하이드지크 Arnold Heidsieck의 표현에 따르면, 그로테스크는 종국적으로 그로테스크한 내용과 구분되지 않는다. 그래서 그로테스크는 하나의 사실주의 형식이 된다.

브레히트의 유연한 그로테스크

"문제없는 문제극(問題劇)"이지만 우화에 가까운 『비더만과 방화범들』(1958)에서 보이듯, 막스 프리쉬^{Max Frisch}는 뒤렌마트와 마찬가지로 예증적 그로테스크를 세심하게 표현하지 못한다. 브레히트의 경우에는 이 어려운 상황이 더 잘 그려져 있다. 거리 두기 이론을 주창한 브레히트는 예증적 그로테스크 용법의 대가이다. 뒤렌마트에게 거리 두기가 그로테스크와 혼동된다면, 브레히트에게 그로테스크는 거리 두기를 만들어내고, 관객을 관객과 공연의 동일시 그리고 착각이라는 폐해로부터 해방하기 위해 사용되는 여러 가지 수단 중 하나일 뿐이다. 하지만 브레히트의 그로테스크는 여전히 생기를 잃지 않고 남아 있다. 시카고의 한 콜리플라워 마피아를 통해 히틀러의 이야기를 들려주는 『아르투로 우이의 저지할 수 있는 출세』에서 그는 부정적이고 그로테스크한 두 가지 현실, 즉 자본주의와 나치즘이 서로를 조명하게 만들며, 이러한 이중 풍자는 그로테스크의 경쾌함이 그대로 유지되는 가운데 서사극의 요구를 충족시켜준다. 브레히트는 아주 일찍부터 이 기법을 사용하였다. 카네티^{Canetti}가 1932년의 『결혼식』에서 회상한 1919년의 단막극 『소시민의 결혼』에서는 가구가 산산조각 부서지는 동안 모두가 몽롱한 상태에서 음울한 통음난무(痛飮亂舞)를 벌인다. 그로테스크는 부조리와 비슷해 보이지만, 명확하게 세상의 붕괴를 강조한다. 브레히트는 그로테스크를 다룰 줄 알았지만, 희곡 『바알』(1918년 초판)에서는 그가 독자적인 형식의 그로테스크에 매료되었음을 보여준다. 평범한 표현주의 작가 요스트^{Johst}의 희곡을 패러디한 이 작품은 황홀경에 빠진 신화적이고 비장한 구원자 시인에 대한 캐리커처이다. 미화 없이 그려지는 이 인물의 묘사에는 조롱과 환영, 시와 외설, 무정부주의와 무기력함이 긴밀하게 뒤섞인다.

바알은 인간이면서 짐승이고, '코끼리'이자 '오랑우탄'이며, 부풀었다 수축하는 비곗덩어리다. 그러나 이 허수아비는 또한 일종의 거인이면서 신체적 존재감과 브레히트가 높이 평가했던 우주적 두께를 지닌다. 이 작품은 나르시시즘이 자기비판과 혼재된 모호한 희곡이다. 넘쳐나는 그로테스크한 이미지와 리듬에 의해『바알』은『도시의 밀림 속에서』(1921-1924)와 함께 브레히트의 창작에서 독보적 위치를 차지한다. 전적으로 비현실적인 싸움을 묘사한『도시의 밀림 속에서』는 대도시를 배경으로 적대자 두 명이 서로의 역할을 바꿔가며 쉬지 않고 상대방을 추격하는 이야기다. 이는『바알』이나 다른 작품들에서보다 더욱 수수께끼 같은 또 다른 그로테스크 스타일과 관련된다. 표현주의의 극적 리듬의 패러디라고도 볼 수 있는 이 작품에서 그로테스크는 추상에 근접한 하나의 움직임으로 축소되며 이 영역에서의 브레히트의 재능을 잘 설명해준다.

그로테스크와 부조리. 자리에서 베케트까지

뒤렌마트의 연극 이전에, 유럽에서는 소위 부조리극이라는 연극이 발달한다. 연극비평에서 부조리는 종종 그로테스크라는 단어와 혼동된다. 이 단어는 카뮈의 실존적 성찰과 연결되며 무엇보다 아다모프, 주네, 이오네스코, 베케트에게 적용되었다. 부조리극에 관해서는 많은 연구가 있으며, 마틴 에슬린Martin Esslin의 『부조리극』(1971)은 이것들을 총망라해서 종합한 연구다. 여기서는 부조리극에서의 그로테스크의 존재와 역할을 특히 이오네스코와 베케트를 통해 살펴볼 것이다. 사실 부조리극은 그로테스크와 경계가 맞닿은 연극이다. 지금까지 살펴본 그로테스크의 양상이 부조리극에 의해 명확해지고 더 잘 구분될 수 있을 것인데, 그로테스크는 '부조리한' 극 작품들에서 새로운 힘과 의미를 얻기 때문이다.

현실과 초현실, 자리와 골 그리고 어이없는 그로테스크

연극에서 부조리의 탄생은 추상화(化)로 위축된 그로테스크를 부활시키고, 현대의 어이없는 어리석음을 표현하기 위해 '어이없는' 글쓰기를 새로 만들어, 카니발 전통 안에서 갖고 있었던 힘을 그로테스크에 복원시키려는 욕구에 대한 응답이다. 이러한 경향은 1920년대 전후 이탈리아의 '테아트로 그로테스코', 프랑스의 다다이스트들, 그리고 아폴리네르와 이반 골을 중심으로 한 초기 초현실주의 극작가들에게서 나타난다. 이오네스코의 연극은 이 경향이 오랫동안 생명력을 가졌음을 보여준다.

그 시초는 자리Jarry다. 1896년에 발표된 『위비 왕』은 중학생이 쓴 소극처럼 보이지만, 도발, 조롱, 부르주아의 말살을 뛰어난 수완으로 성공적으로 표현한 괴물 같고 심대한 그로테스크의 승리를 대표한다. 이 작품이 충격적인 것은 단지 도를 넘는 행동, 세밀하게 계산된 저속함, 비현실적인 폴란드의 상상 속 왕의 왕홀(王笏)로 사용되는 "형편없는 빗자루", 상소리를 또박또박 외치는 "빌어먹을!" 같은 욕설 때문만은 아니다. 관객을 떠들썩하게 만든 것은 괴물 같은 위비 왕의 직접적 이미지보다는, 아마도 관객이 자신의 것이라 인정하지 않으려는 비열한 충동이 무대 위에서 펼쳐지기 때문일 것이다. 자리는 "무대가 관객 앞에서 거울 같기를" 원했다. 그의 말처럼, "관객이 지금까지 모습을 완전히 드러낸 적 없었던 자신의 역겨운 분신을 보고 당혹스러운 것은 놀라운 일이 아니다."『위비 왕』에서는 해학적 신랄함, 음울한 잔혹함, 경탄할 만큼 참신한 언어, 라블레의 전통의 언어적 독창성이 혼합된 그로테스크가 풍부하다.

이 희곡은 분명 별 볼 일 없는 인간이 얻은 권력에 대한 풍자이지만, 그 풍자는 직설적이다. 작품을 지배하는 것은 익살을 이끄는 혼미스러운 리듬이고, 이 리듬에 의해 사실주의적인 작품이 현실로부터 멀리 떨어지게 된다.

아폴리네르와 이반 골

이러한 그로테스크는 1920년 3월 파리에서 공연된 다다이스트들의, 대부분 출간되지 않은 단편 연극들에서, 그리고 1917년의 공연으로 구설수를 불러일으킨 아폴리네르^{Apollinaire}의『티레지아의 유방』에서 다시 나타난다. 아폴리네르의 작품에서 과장은 초현실로 이어진다. 여주인공 테레

즈는 스스로 유방을 떼어내 각각 붉은색과 푸른색인 두 개의 풍선처럼 허공에 날려 보낸 뒤 남주인공 티레지아가 된다. 이 희곡은 이반 골$^{Ivan\ Goll}$의 『메투자렘 혹은 영원한 시민』(1919)에 영향을 주었을 것이다. 독일어와 프랑스어로 작품 활동을 한 골(1891-1950)은 브르통의 초현실주의와 달리 일시적인 초현실주의를 주창했으며, 단순화, 과장, 비논리의 특징을 띤 '현대 풍자극'을 만들고자 했다. 『메투자렘 혹은 영원한 시민』과 두 편의 '초(超)연극^{surdrame}' 『죽지 않는 사람들』의 서문에서, 골은 "그것이 표현하는 감정들만큼이나 조잡하고 그로테스크한 가면들"을 주장한다. 그로테스크의 역할은 이중적이다. 먼저 비판적 역할은 그로테스크가 "어이없는" 것이어야 한다고 주장하는데, 왜냐하면 "인간의 단조로움과 어리석음은 너무나도 어이없어서, 어이없음으로만 치유할 수 있기 때문이다. 그러므로 새로운 극은 어이없어야 한다." 그런데 그로테스크는 인간을 다시 어린아이로 만드는 수단, 즉 가면과 마리오네트를 가지고 놀이하는 법을 인간에게 알려주는 가장 간단한 수단이기도 하다. 『메투자렘 혹은 영원한 시민』이 '부르주아'의 죽음과 불가피한 부활을 그려내며 이러한 계획을 보여준다. 하지만 이 작품에서는 『위비 왕』이 보여주었던 활력은 찾아볼 수 없다.

▰ '테아트로 그로테스코'와 가면, 마리오네트, 콩트

1920년 전후에 '테아트로 그로테스코$^{teatro\ grottesco}$'라는 그룹으로 분류되던 이탈리아 극작가들은 그로테스크의 쇄신에 적극적으로 기여했다. 이들 중에서는 로소 디 산 세콘도$^{Rosso\ di\ San\ Secondo}$, 키아렐리^{Chiarelli}, 안토넬리^{Antonelli}가 가장 잘 알려져 있다. 라인홀트 그림$^{Reinhold\ Grimm}$은 저서 『의미와 무의미, 현대극에 나타난 그로테스크』(1962)에서 이들의 작품에 나타나는 세 가지 구성요소를 다루고 있다. 가면과 마리오네트와 콩트다. 세 가지 구성요소 전부 과장하고 단순화하는 그로테스크가 특징이다. 키아렐리는 <가면과 얼굴>(1916)에서 통속극 모티프인 간통, 방종, 사교계의 경박함을 그로테스크 양식에 담아 부조리까지 밀고 나간다. 작품은 하찮으면서도 비장한 상황들로 가득 차 있고, 사회적 기만을 끊임없이 예증한다. 키아렐리는 가면을 절묘하게 벗겨내지만, 그의 연극에서 진정한 그로테스크라 할 수 있는 혼미스러운 양상은 조금 부족하다.

어떤 의미에서는 로소 디 산 세콘도(<꼭두각시놀음의 인형들, 그 무슨 정열인가!>, 1918)의 마리오네트가 훨씬 더 효과적이다. 로소의 그로테스크는 단순화한다. 작중인물들은 똑같은 열정의 환상에 사로잡혀 행동하며, 색깔, 옷, 직업 같은 몇 가지 외적 요소들로만 서로 구분될 뿐이다. 작품을 보면 표현주의 연극이 생각나지만, 혼합되고 번갈아 나타나는 과도한 웃음과 과도한 불안을 통해, 그리고 서로 싸워대는 비극적 소극의 엑스트라들의 모습에서 그로테스크가 더 두드러지게 느껴진다. 라인홀트 그림의 지적처럼, 카바키올리^{Cavacchioli}의 연극 <너를 닮은 사람>(1919)에서 미래주의에 가까운 형상들이 빙글빙글 돌아가며 환상적 원무를 추는 장면은 그로테스크가 초현실에 가까워졌음을 알려준다. 이반 골은 어린아이의 솔직함을 되찾을 수 있는 그로테스크 시 형식을 지향했다. 로소가 이에 관한 하나의 예를 제공하는데, <잠자는 미녀>에서 순박하고 순수한 마음의 여주인공은 자신을 둘러싼 비천한 현실을 변모시켜 반(半)무의식의 세상에서 선과 악을 초월해 산다. 그녀는 아이를 낳고 나서, 매춘부였던 예전의 삶에 가해진 모든 모욕을 잊고 충만한 어머니의 꿈을 행복하고 평화롭게 추구한다. 경이와 그로테스크의 독창적 결합을 보여주는 연극이다.

피란델로와 환상극

모든 작중인물의 의식이 둘로 분열되는 일관적 환상에 관한 연극을 집필한 피란델로^{Pirandello}에게서 규범에서 부조리로 이행하는 '그로테스크 연극'은 쉽게 이해된다. 피란델로는 20세기에 모든 배우에게 가면을 쓰게 한 극작가다. 그에게 가면이란 전적으로 상대적인 개성을 보여주는 수단이다. 이러한 양상은 분열이 타락으로 나타날 때만 그로테스크가 된다. 피란델로의 작품에서는 많은 모티프가 그로테스크와 관련된다. 이오네스코의 작품에서와 마찬가지로, 인물들은 자신의 정체성을 잃어버리고 정신을 차리지 못하며 무한히 분열한다. 그러나 이오네스코와 베케트의 흐릿한 인물들과 달리, 피란델로의 인물들은 타인의 의식 안에 여전히 존재한다. 그래서 <여러분이 그렇다면, 그런 거죠>(1916)처럼 상대적 비현실을 다룬 모호한 연극이 탄생하는 것이다. 칼데론^{Calderon}, 셰익스피어, 입센^{Ibsen}, <꿈의 연극>의 스트린드베리가 다뤘던 의식의 착란에 관한 이 연극은 많은 후계자를 낳았다. 이 작품은 그로테스크 외에도 부조리극의 특징 중 하나를 대변하기도 한다.

이오네스코와 베케트, 그리고 그로테스크의 집중

이오네스코Ionesco와 베케트Beckett는 진정 그로테스크한 또 다른 면모를 대표한다. 이 두 명의 작가를 연결하는 것은 역설적으로 보일 수도 있다. 작품의 차원이나 규모에서 큰 차이를 보이기 때문이다.

이오네스코는 무대 외부로 투사되는 울림이 더 크며, 베케트는 한층 미묘하고 파악하기 어려운데, 존재보다는 부재에 더 가깝다고 할 수 있다. 하지만 실제로는 두 작가 모두, 수단만 다를 뿐, 똑같이 그로테스크한 현실 한가운데로 들어간다. 본질적인 양상에서 단숨에 서로 합류하는 것이다. 우선 두 작가 모두 비극과 희극을 단순히 병치하지 않고 확고하게 결합한다.

두 번째 특징은 공격성과 관련되는데, 베케트에게서는 은밀히 표현되고, 이전의 모든 연극 형식을 큰 소리로 규탄하는 이오네스코에게서는 적극적으로 주창된다. 여기서 그로테스크는 단순한 대체물만이 아니라, 낡고 경직된 표현방식에 대한 체계적 거부이기도 하다. 실제로 이와 같은 과도한 도발은 브레히트에 의해 완성된 복잡한 구조의 거리 두기보다 더 효과적인 극도의 거리 두기를 폭발적인 그로테스크를 통해 사용함으로써 관객의 의식을 근본적으로 그리고 전면적으로 변화시키려는 열망에 응답한다.

폭력, 확장, 팬터마임

이러한 열망의 충족을 위해, 이오네스코는 과잉과 과장을 선택하며, 자리의 뒤를 이어 어이없는 연극에 정착한다.

> 그러므로 만약 연극의 효과가 증대하고 있다면, 그 효과를 한층 더 확대하고, 강조하고, 최대한 부각해야 할 것이다. [...] 실마리들을 숨길 것이 아니라, 일부러 드러내서 더욱 잘 보이게 하고, 그로테스크 끝까지 질주해야 하며, [...] 모든 것을 비극성의 원천이 있는 절정까지 밀어붙여야 한다. 폭력의 연극은 폭력적으로 희극적이고, 폭력적으로 극적이라는 뜻이다 (이오네스코, 『노트와 반노트』, 파리, 1962, 에슬린^{Esslin}의 인용).

폭력에 대한 암시는 앙토냉 아르토$^{Antonin\ Artaud}$와 그의 잔혹극을 연상시킨다. 폭력과 그로테스크는 (교사의 완장에 그려진 만(卍)자형으로) 권력의 사디즘에 대한 직접적 암시와 함께 학생의 강간과 죽음으로 끝나는 이오네스코의 『수업』(1951)에서 서로 결합한다. 하지만 그로테스크는 무엇보다도 과장에 연결되고, 키아렐리의 작품에서처럼 통속극을 부조리극으로 인도하는 변형된 단순화에 연결된다. 예컨대 『자크 혹은 순종』(1955)의 반복되는 성교 또는 『그림』(1954)의 에로틱한 열광에서 보이는 일관적인 상스러움은, 혼미스러움에 접근하기 위해 가장 필수적인 뷔를레스크에서 출발하는 이오네스코의 전개 과정을 보여준다. 베케트 역시 저속한 희극성에 의존하지만, 방식이 다르다. 이러한 특징은 대사 부분, 의도적으로 던지는 싸구려 말장난, 특히 몸짓 언어에서 뚜렷이 드러나며, 서커스나 쇼에서 빌려온 몸짓 언어는 연극의 언어 전체를, 진정한 그로테스크의 의미에서, 생생하고 유동적인 팬터마임으로 인도한다. 이러한 연극은 전부 시각적 연극, 이미지의 연극이며, 여기서 마리오네트는 '테아트로 그로테스코'에서보다 훨씬 중요하다. 이러한 연극은 인물의 역할, 성격, 심리를 제거함으로써 인간을 오토마타로 만들지만, 두 극작가의 대가다운 능력은 오토마타가 되는 과정을 비극과 희극에 '동시에' 결합한다. 사람들은 언어의 해체를 난폭하게 그려낸 『대머리 여가수』를 보며, 왜 웃는지 잘 모르면서도 웃는다. 관객들은 『고도를 기다리며』에서 포조가 채찍질로 자신의 노예 럭키에게 생각을 강요하는 장면을 보면서 본의 아니게 웃는다. 등장인물이 몇몇 제한된 몸짓으로, 빠져나가는 사물을 헛되이 붙잡으려 애쓰는 『무언극』의 팬터마임조차 희극과 비극에 속하며, 괴상한 양상을 제시한다.

이미지와 의미

특히 미국의 무성영화와 뷔를레스크의 영향을 받은 현대적 형태의 팬터마임은 그로테스크를 지탱하며, 앞서 언급한 연극을 의미의 덫에서 벗어나게 해준다. 이런 면에서 이오네스코는 베케트처럼 항상 유연하지는 않다. 정치적 순응주의를 비유한 『코뿔소』(1958)처럼, 그의 작품은 때때로 직접적 풍자에 가깝다. 정신분석적 전개를 팬터마임으로 변환시킬 때 그의 희곡은 더욱 효과적인데, 특히 『의무의 희생자』에서 무의미한 단서를 찾으려는 심리분석 수사관에 의해 강제로 자신의 내면으로 들어간 슈베르가 열려 있는 구멍만을 발견하는 장면이 그 예이다. 반면 베케트는 일체의 직접적인 상징을 포기하며, 자신의 작품과 쉽게 결합할 수 있고 암시로 활용할 수 있는 모든 '철학'을 그로테스크 이미지로 변형시킨다. 예컨대 『고도를 기다리며』에서의 끝없는 기다림은 키에르케고르의 철학이고, 실존을 식물의 삶으로 환원함으로써 실존주의자들의 요구에 부응하며 그들을 부조리로 인도하는 『승부의 종말』은 실존주의 철학을 담고 있다. 특히 『승부의 종말』에서는 이야기 전개가 스위프트의 「라가도 연구소」[33]와 비슷하며, 진정한 그로테스크에 속하는 간접적이고 보편적인 패러디가 독자를 사로잡는다.

증식하는 축소

어쨌든 이 두 극작가는 그로테스크에 대한 완벽한 인식이라고 부를 수 있는 지점에서 서로 만난다. 실제로 그들은 선배나 후배 극작가들보다 훨씬 더 분명하게 증식과 축소라는 양립 불가능한 그로테스크의 두 극단을 융합한다. 그들은 오토마타화를 증식의 정중앙에 놓음으로써 융합을 성공시킨다. 해체의 움직임을 구체화하고, 충만해 보이는 외양 속에서 무(無)로의 이행을 가시화하는 특출한 재능을 가진 이오네스코의 작품에서 융합의 과정이 뚜렷하게 나타난다. 이러한 과정은 퍼부어지는 동시에 흩어져버리

---

33) 역주) 『걸리버 여행기』의 제3부 <하늘을 나는 섬>에 포함된 이야기이다.

는 언어의 차원에서 『대머리 여가수』의 주제 그 자체이며, 또 다른 차원에서는 『의자들』이 증식과 무(無) 사이의 균형을 분명하게 보여준다. 『의자들』은 당시에는 충격적이었지만, 심리학적, 사회학적, 존재론적 측면에서 그로테스크와 관련된 훌륭한 시사성을 간직하고 있다.

베케트 역시 무(無)의 극작가이며, 극도의 세밀함으로 무(無)의 변화를 제시한다. 그의 작품에서는 이오네스코식의 급격한 증식은 찾아볼 수 없으나, 축소와 탈진과 최후에 관한 미세하면서도 무한한 움직임이 보인다. 모든 의미가 계산된 혼돈으로 뒤섞이고, 겉으로는 아무 움직임도 보이지 않지만, 정지 상태 그 자체가 억제할 수 없는 움직임의 형태인 이 엔트로피 연극 안에서 점차적 쇠퇴로 변형된 비극의 반전을 도므나크는 매우 잘 설명한다(『비극의 귀환』, 271쪽). 이런 의미에서 베케트는 라블레의 생기 넘치는 역동성의 대척점에 위치한다. 그렇지만 역설적으로, 무한한 축소는 라블레식의 증식 움직임을 부정적 방식으로 그리고 역방향으로 복원하는 혼미스러움을 내포한다. 이와 관련해서 올리비에 드 마니$^{Olivier\ de\ Magny}$는 "베케트의 연극은 불가능한 부동(不動) 상태를 향해 제자리걸음 하는 영속적인 움직임을 창시했다"(『우리 시대의 비평과 베케트』, 91쪽)고 말했다. "무(無)의 무한 되풀이"는 베케트 연극의 리듬 그 자체이고, 이오네스코의 단절과 가속과 전혀 다르다. 그것은 덜 뚜렷하지만, 더 미묘한 또 다른 그로테스크 형태에 해당하며, 이 그로테스크는 무(無)에서는 '무한 증식'을 보고, 세상에서는 무(無)가 '부패하는 무덤'을 보면서, 뷔히너의 당통이 예고했던 불안을 그 어떤 실존주의보다 더 잘 표현한다. 여기서 우리는 시오랑^{Cioran}이 『해체의 서론』을 쓴 당시의 진정한 그로테스크 세계를 본다. 베케트의 전복적이고 파괴적인 웃음이 로켓처럼 지나간 만큼 이 세계는 더더욱 그로테스크하다. 어떤 경우에도 이 그로테스크는 의미의 부재, 의미의 거부라는 부조리와 혼동될 수 없으며, 다른 한편으로 베케트의 그로테스크는, 이미 현대 그로테스크의 본질적 특징을 구현했던 카프카가 기반을 닦은 불확정의 움직임을 무한히 연장한다.

4장 현대적 그로테스크의 또 다른 이미지들

▪ 부조리극에서 나타나는 그로테스크의 한계

베케트와 이오네스코를 중심으로 한 '부조리' 연극에서 그로테스크는 이중의 위기를 겪는다. 우선 과열과 관련된 것으로, 유명한 『마라/사드』[34]의 작가인 독일의 페터 바이스$^{Peter\ Weiss}$가 (1952년의 『보험』 같은) 초기 작품들에서 폭력의 그로테스크, 그랑기뇰$^{Grand\_Guignol35)}$, 이오네스코식의 과장을, 질서와 부르주아지의 대표자들을 산산조각내는 그로테스크한 난장판 안에서 잘 버무린 것이 그 예다. 이 작품들은 전반적으로 그로테스크 양식과 합류하지만, 그로테스크 양식이 강화된 것이지 정말로 쇄신되었다고는 할 수 없다.

▪ 토마스 베른하르트 또는 그로테스크 너머의 그로테스크

---

34) 역주) 원제는 『사드 후작의 연출로 샤랑통 수용소의 연극단에 의해 상연된 장 폴 마라의 박해와 살해』이나, 대개 『마라/사드』로 줄여 부른다.
35) 역주) 19세기 말 프랑스 파리에서 유혈과 죽음이 난무한 연극을 상연하던 극장. 이 극장의 이름에서 유래해, 공포와 선정성을 강조한 연극의 장르를 지칭하기도 한다.

오스트리아의 극작가 토마스 베른하르트Thomas Bernhard의 작품은 더욱 섬세하게 그로테스크의 한계를 설명해주며, 베케트보다 더 근본적으로 그로테스크를 대표하는 것처럼 보인다. 그의 연극은 침묵과 수다가 교대로 나타나는 체계적인 소외의 연극, 형태가 일정하지 않거나 비정상적인 연극, 반복과 순환의 연극, 혼돈과 광기의 연극이며, 편재하면서 끝이 없는 죽음이라는 주제를 베케트로부터 계승한다. 이러한 요소들은 비극과 희극의 개념을 삭제하고 이를 다른 연극적 현실로 대체하려는 의지로 수렴된다. 휠체어를 탄 장애인 13명이 헤어지려는 장애인 커플 주위에 모이는 『보리스를 위한 파티』(1970)는 죽음으로 끝을 맺으며, 죽음은 즉시 '끔찍한 웃음'으로 바뀐다. 분명하고 체계적인 반전이다. 죽음이 부정되어 웃음으로 변형되는 것이다. 베른하르트는 희극과 비극을 파괴하고 녹여 완전한 균형 상태를 만드는데, 이 균형 상태는 이론적 양상은 유지하지만, 그로테스크의 생기 넘치는 양면성에는 더 이상 부합하지 않는다. 모호함과 죽음을 특징으로 시작하는 그의 연극은 뒤이어 발표된 『습관의 힘』(1974), 『대통령』(1975), 철저한 풍자극 『임마누엘 칸트』(1978)와 같은 작품들에서 조롱을 더욱 많이 사용하게 된다. 베른하르트는 특히 자신의 신념에 따라 그로테스크를 연극의 인위적인 성격으로 분류하는데, 이는 1922년에 알렉산드르 블로크Aleksandr Blok의 『발라간칙』(1907)을 연출한 메이예르홀트Meyerhold가 전혀 다른 의미에서 주창했던 것이기도 하다. 베른하르트의 인물들은 무엇보다도 삶과 관계없는 정신적 구조물들의 재현이며, 이 삶은 증식하건 다 죽어가건 그로테스크와 여전히 긴밀하게 연결되어 있다.

언어의 그로테스크

위험에 처한 그로테스크는 조롱의 방식이 한층 소박하게 나타나는 연극으로 도피한다. 이와 관련된 방향성 몇 가지를 제시하자면 다음과 같다. 먼저 대번에 그로테스크에 속하지 않는다고 보이는 연극 내부에 존재하는 그로테스크 형태들이다. 카프카와 베케트 애호가였던 영국의 해럴드 핀터 Harold Pinter(1930-2008)의 연극은 불안과 신비의 시와 같은 특징을 띠고 있다. '위협극'으로 불렸던 그의 연극은 죽음이나 폭력으로 표현되는 외부의 위협과 내면세계를 대립시킨다.『방』(1957)이나『생일파티』(1958)가 대표적 작품이다.『생일파티』에서 하숙집 주인 두 명이 주위에서 일어나는 폭력을 알지 못한 채 끊임없이 수다를 떠는 것처럼, 그로테스크는 세상과 단절되어 불안정하고 헛되며 무의미한 담론으로 도피하는 인물의 층위에서 모습을 드러낸다.

바로 여기서 오스트리아의 작가 외된 폰 호르바트 Ödön von Horváth(1901-1938)가 이미 구현한 오랜 전통 하나를 다시 볼 수 있다. 예를 들어 그의『빈 숲속의 이야기』(1930)에서는 인물들이 언어의 클리셰에 사로잡혀, 대수롭지 않아 보이지만 근본적인 소외를 표현하는 언어 규범으로부터 해방되지 못한다. 그로테스크 언어의 전통은 오스트리아의 페터 한트케 Peter Handke(1942-)에게로 이어지고, 그는 마우트너 Mauthner와 비트겐슈타인 Wittgenstein에게 영향을 받은『관객모독』(구변극(口辯劇))에서 '사회적' 언어 규범에 의한 인간의 그로테스크한 조련을 분석한다.『카스파』(1968)

의 주인공은 초보적인 말밖에 할 줄 모르고, 보이스오버는 그가 말할 때마다 그의 말을 형태가 불분명한 더듬는 말로 축소해서 해체한다.

한편 미국의 에드워드 올비Edward Albee(1928-2016)의 명철하고 씁쓸한 그로테스크 연극에서는 언어가 본질적 역할을 맡는다. 에슬린이 지적하듯(『부조리극』, 302쪽), 클리셰를 체계적으로 사용한다는 점에서 그의 『미국의 꿈』(1960)은 이오네스코의 스타일과 흡사한데, 이 클리셰들은 미국 작품답게 착한 아이 같은 모습으로 보이지만, 대중적 감성으로 위장한 호그바트의 클리셰에 속지 말아야 하는 것과 마찬가지로, 이에 속아서는 안 된다. 에슬린이 적절히 지적한 것처럼, 올리를 이해하기 위해서는 이 클리셰들을 미국의 맥락 안으로 되돌려 놓아야 한다.

언어의 그로테스크는 베케트 연극의 뚜렷한 특징이기도 하다. 그것은 종종 고갈과 탈진을 나타내지만, 세상의 위협에 대한 방어를 표현하기도 한다.『오 행복한 날들』(1963)의 위니는 하반신이 모래에 묻혀 있지만, 아무리 무의미하더라도 끝없이 수다를 늘어놓는 한 그녀의 삶은 계속 이어진다.

그로테스크와 시

시적 양상으로 인해 그로테스크는 '난센스' 시와 인접하게 되며 풍요로워진다. 난센스 문학은 영국의 오랜 전통에 부합한다. 이 문학은 특히 루이스 캐럴(1832-1898)로 대표되며, 그로테스크한 유희를 꿈과 환상에 결합한 그녀의 작품『이상한 나라의 앨리스』(1865)를 브르통은 이미 초현실주의적 작품으로 평가한 바 있다. 에드워드 리어Edward Lear(1812-1888)도 이 경향에 합류하며, 그의 『난센스 시집』(1846)은 어린아이들을 위한 노래 모음집이지만, 어처구니없는 것과 기괴한 것의 혼합으로 논리를 파훼한다. 『교수대의 노래』(1905)의 저자인 독일 시인 크리스티안 모르겐슈테른Christian Morgenstern(1871-1914)은 이러한 난센스의 전통을, 때로는 날카로운 음울함을 덧붙여 유머와 생경함과 환상의 놀라운 조합으로 멋지게 그려낸다. 그의 작품은 그림과 글쓰기 분야의 익살의 길에서 그를 앞서갔던 빌헬름 부쉬Wilhelm Busch(1832-1908)의 작품보다 시적으로 더욱 그로테스크한 성격을 가진다.

뷔를레스크 영화로부터 영향을 받아 난센스는 영국의 노먼 프레데릭 심프슨Norman Frederick Simpson(1919-2011)과 같은 작가주의 연극에 독특한 특징을 제공하며, 『울려 퍼지는 소리』(1957)에서 심프슨은 바보 같은 개그와 기상천외한 언어가 지배하는 패러독 부부의 비상식적인 세계로 관객을 인도한다.

그로테스크는 이반 골의 소망처럼 아동을 위해 쓰였을 법한 연극에서 환상의 형태를 통해 쇄신된다. 목적지에 결코 도달하지 못할 환상의 기관차가 꿈의 풍경 속을 배회하는 『버팔로까지 앞으로 10분』(1954)같은 귄터 그라스Günter Grass(1927-2015)의 '부조리' 연극작품들에서 그 이미지를 찾아볼 수 있다.

페르난도 아라발의 그로테스크

스페인의 페르난도 아라발Fernando Arrabal(1932-)의 연극에서 그로테스크의 존재는 독특한 특징을 부여하는데, 그의 연극은 무엇보다도 잔혹함과 폭력과 죽음의 연극이고, 이오네스코와 베케트보다 아르토와 주네에 더 가까운 관습극이다. 그가 표방하는 그로테스크는 작품에서 "바로크의 환상, 기괴함, 왜곡"이 없는 현실을 받아들이지 못하는 한 예술가의 시각에 연결된다. 그로테스크와 바로크는 짝을 이룬다. 아라발의 '파닉' 인간[36]은, 인간의 진짜 얼굴인 셰익스피어의 어릿광대처럼, 그로테스크하다. 그러나 그로테스크는 모순을 즐겨 다루며 신성모독과 성스러움, 죽음과 삶, 살인과 순진무구함을 결합하는 극작가에게서는 때로 전혀 다른 의미로 나타나기도 한다. 아라발은 자신의 연극이 지닌 유아적 성격을 강조한다. 그의 희곡 『삼륜차』(1953)에서 삼륜차는 『이상한 나라의 앨리스』에 나온 인물들로 장식되어 있다. 그가 존경했던 루이스 캐럴은 작품 내에서 막스 브라더스[37]와 마주치기도 한다. 아라발에게서 폭력의 연극은 시적 그로테스크 안에서, 비논리적 논리 안에서, 자아 분열과 절대적 고독의 그로테스크에 대응하는 치료제를 찾는다.

---

[36] 역주) 아라발은 1992년 파리에서 행동주의 예술 운동인 파닉 운동(Movement Panique)를 창시한다. 'panique'는 그리스 신 Pan에서 왔으며, '파닉 인간'은 모든 것을 거부하는 인간을 의미하며, 동시에 아라발의 한 작품 제목이기도 하다.
[37] 역주) 미국의 코미디언 배우 4형제 치코, 하포, 그루초, 제포를 지칭한다.

미쇼의 작품에서의 그로테스크

시와 콩트와 팬터마임의 중간에 자리 잡은 시적 그로테스크는 정의되지 않는 장르지만, 그 정점은 아마 미쇼^{Michaux}의 『플륌』(1937)에서 찾을 수 있을 것이다. 시집에 나오는 15개의 그림에서 우리는 예외적이면서 모순적인 한 인물을 볼 수 있는데, 그는 한편으로는 (손가락이 잘리고, 기차 밖으로 던져지고, 강간당하는 등) 온갖 학대에 노출되지만, 극도로 겸손하게 그리고 좋은 기분으로 이를 감내하며, 다른 한편으로는 (예를 들어 목을 자르고, 불가리아인들을 창밖으로 던지는 등의) 공격성을 때때로 놀이하듯 드러낸다. 끊임없이 부산을 떠는 플륌은 잠수 인형 장난감이자, 카프카의 오드라덱과 비교될 만 한 일종의 마리오네트이며, 불확실과 예측 불가능의 이미지이고, 카프카의 주인공들이 가진 순진한 죄의식을 훨씬 더 기괴한 방식으로 구현하며, 찰리 채플린의 캐릭터 리틀 트램프를 연상시키고, 악몽, 웃음, 시를 결합해서 매우 정묘한 그로테스크를 만들어내는 등장인물이다.

외르케니의 그로테스크

여러 편의 희곡과 소설을 쓴 헝가리 작가 이슈트반 외르케니^{István Örkény}(1912-1979)가 소설로 먼저 출간한 후에 희곡으로 발표한 『토트 씨네』(1967)에서 앞서 언급한 『플륌』의 일부 특징들이 나타난다. 토트 씨의 가족은 참전 중인 아들의 부탁을 받아, 휴가를 위해 찾아온 아들의 상관인 소령을 맞이한다. 편집증이 있는 미치광이 소령은 도착하자마자 집안에 공포 분위기를 조성한다. 그는 가족과 함께 광적인 속도로 종이 상자를 만드는 일만을 즐긴다. 가족들 모두 플륌처럼 친절하게 그의 몰지각함을 받아들이지만, 이는 아무 소용 없는 일인 것이, 그들이 모르는 사이에 아들은 이미 전사했기 때문이다. 아버지가 품은 원한은 점점 커져만 가고, 결국 그는 종이 자르는 기계로 소령을 토막 낸다. 뷔히너의 『보이체크』를 연상시키는 약자에 의한 폭군의 제거는, 기상천외한 짧은 콩트 같은 이 희곡에서, 유일하게 현실적인 반응이며, 모든 논리적인 관계가 사라지고, 비극과 극도의 블랙 유머가 가장 우스꽝스러운 유머와 인접하게 되는 이 작품은 그로테스크의 한 거장이 가진 모든 재능을 훌륭하게 구현한다.

곰브로비치와 므로제크에게서 나타나는 역사의 그로테스크

모국의 상황으로 인해 역사적 사건 속에서 부조리를 직접 체험했고, 현실에 대한 직접적인 경험을 통해 그로테스크에 새로운 성격을 부여한 작가들의 작품이 현대극에서 그로테스크의 또 다른 변형을 보여준다. 두 명의 폴란드 작가, 즉 비톨트 곰브로비치 Witold Gombrowicz(1904-1969)와 스와보미르 므로제크 Slawomir Mrozek(1930-2013)의 『결혼』과 『탱고』는 외견상 그로테스크보다 부조리에 속하는 듯이 보인다.

『결혼』(1953)은 외부 힘의 중재, 즉 아버지(여관주인-왕) 또는 민중(주정뱅이)의 권력에 의해서만 자신의 결혼을 실현할 수밖에 없지만, 자신의 힘에 기반한 법에 따라 결혼을 결정하는 한 젊은이의 이야기이다. 그는 폭군이 되어 주위의 모든 사람을 숙청하고, 자신의 약혼녀에게 치근대는 친구는 스스로 목숨을 끊게 만든다. 마지막에는 그의 모든 계획이 실패로 돌아가고, 그의 세계는 무너져 내리며, 그는 자신이 무죄라고 선언한다.

『탱고』(1965)는 원칙주의자인 젊은이 아더와 무정부주의를 지향하는 부르주아 부모 간의 역설적 관계를 묘사한다. 아더는 집안의 도덕적 기강을 바로 세우려 하고, 약혼녀와의 결혼을 원칙에 따라 계획한다. 그러다가 그의 신념이 뿌리째 흔들린다. 그는 자신이 새로운 현실에 맞지 않는다고 구(舊)질서를 복원하는 것이 헛된 일임을 깨닫는다. 그러자 그는 사상누각인 전제적 권력을 선택해 강제로 지배한다. 그러나 마지막에 감상주의의 잔재 때문에 그는 마비되고, 잔혹한 정치적 사실주의를 구현하는 호텔 주인에게 살해당한다. 정신착란에 가까운 그로테스크의 반영처럼 보이는 이 두 희곡은 폴란드의 역사적 경험과 직접 연결된 정치적 맥락이 떠받치고 있다. 합법성과 국가의 모티프는 곰브로비치의 작품에서 더 많이 나타나고, 므로제크의 작품에서는 정치적 허무주의와 그 실제적 실천 간의 관계 문제가 더 많이 나타난다. 두 작가 모두, 역사의 무질서에 대한 생생한 이해를 통해, 현실의 직접적 이미지와 극도의 환상을 양립시키는 신랄한 그로테스크 연극의 특성을 그려낸다.

카프카 이후 소설들에서의 그로테스크

일부 작가들을 중심으로 자리 잡은 하나의 경향이 아주 빠른 속도로 유럽 무대를 장악하고 그로테스크를 부조리의 혼미스러움으로 인도한 연극에서보다는 20세기 소설에서 그로테스크가 더욱 다양하게 나타났다고 할 수 있다. 그리고 소설에서는 그로테스크의 유연성이 한층 잘 유지된다. 몇 가지 예를 살펴보자.

베케트의 산문

베케트의 산문은 따로 살펴볼 필요가 있는 것이, 그의 희곡에서 나타나는 경향들을 산문에서 여럿 찾아볼 수 있기 때문이다.

『몰로이』(1951)는 끝없이 순환하는 이동에 관한 소설이며, 여행의 패러디다. 『말론 죽다』(1952)는 파악할 수 없고 스스로 소멸하는 말의 윤곽을 선명하게 그리려 하고, 이에 반해 『이름 붙일 수 없는 자』(1953)는 웜을 통해 침묵과 정체와 허무의 극한에 이른 한 존재의 이미지를 제시하려고 시도한다. 이 불확실한 인물들은 자신들이 구현하는 끝없는 축소의 과정에서만 그로테스크와 공통점을 가진다. 베케트는 모든 형태의 추구와 소통에 의문을 제기하며, 그의 소설 『와트』(영어로 집필, 1942)는 카프카의 『성』에 대한 패러디에 가깝다. 두 작품 모두에서 전적인 추구의 허무함이 표현되지만, 『성』에서는 의미의 탐색이 그 실존적 성격으로 인해 여전히 어느 정도의 강렬함을 간직한다. 하지만 『와트』에서는 이 강렬함이 사라져 순전히 이지적인 차원으로 옮겨진다. 와트는 결코 노트 씨를 이해하지 못할 것이고, 마찬가지로 자기 자신도 이해하지 못한다. 그는 흐느낌으로 변모하는 허울뿐인 '아타락시아'로 마침내 사라져 버린다. 그는 말 그대로 녹아버리고 파괴되는 것이다. 베케트의 경우, 위니의 수다가 의미 있었던 연극에서보다는, 소설에서 불확정성이 더욱 그로테스크하게 비극적이다.

토마스 만, 카네티, 곰브로비치의 작품에서 나타나는 정신의 그로테스크

도스토옙스키의 지하 세계를 관통하는 '불가항력적 희극성'을 찬미했던 토마스 만Thomas Mann은 그 자신도 그로테스크에 매우 가까우며, 그에게 그로테스크는 부조리가 아니라 '현실의 극단적인 형태'다. 그로테스크는 우선 그의 단편소설들에 자주 등장하는 꼭두각시에게서 찾아볼 수 있다. 『묘지로 가는 길』(1900)에서의 로프고트 피프삼이 하나의 예로, 그는 원한을 품은 한심한 어릿광대다. 『트리스탄』(1903)의 가짜 예술가이자 하찮은 바람둥이인 슈피넬도 마찬가지다. 이 꼭두각시들은 맨 밑바닥에서 삶을 마주한 무기력한 정신에 대한 이미지다. 예술가도 예외가 아니다. 『어릿광대』(1897)는 불안정하고 유약하며 그로테스크한 예술가의 초상화다. 심지어 엄격한 지식인인 아셴바흐도 『베니스에서의 죽음』(1912) 초반부부터 두 어릿광대에게 둘러싸이며 결국은 그들과 구분되지 않는다. 그가 어린 타지

오와 벌이는 연애담은 굴욕과 죽음으로 끝난다. 아셴바흐가 꿈에서 본 것처럼 세계 전체가 디오니소스의 축제를 캐리커처로 그린 듯 그로테스크한 난장으로 해체된다. 도스토옙스키의 『악령』으로부터 큰 영향을 받은 위대한 소설 『파우스트 박사』(1947)는 역설적이게도, 나치즘을 통한 독일 역사의 끔찍한 그로테스크를, 고전 음악 전통에 거리를 두기 위해 그로테스크를 사용하는 천재 예술가의 가장 고상한 정신 활동과 비교한다. 주인공은 실험에 대한 취향으로 스스로 매독에 걸려 자신의 예술을 악마적 차원으로 풍요롭게 하지만, 자기가 놓은 덫에 걸려 마비와 부식을 유발하는 그로테스크에 사로잡힌다. 그의 음악이 이성적이고 엄격한 작법으로 통제할 수 있다고 믿었던 불협화음에 잠식되는 것이다. 이렇게 그의 예술은 '야만'의 형태로 넘어가고, 이는 악마적인 것과 결합한 그로테스크의 전염력을 설명한다. 그러나 그는 불협화음을 비명으로, 천재적인 고통의 변조로 변화시키면서 그로테스크에 대해 승리를 거두며, 1940년에 완성되는 그의 작품은 종전까지 독일이 겪은 끔찍한 경험에 대해 구원과도 같은 의미를 부여받는다.

카네티와 그로테스크

독일어권 작가지만 세계인이라고 할 수 있는 엘리아스 카네티^{Elias Canetti}(1905-1994)는 『현혹』(1936)에서, 훨씬 더 제한적인 것으로 보이지만 『파우스트 박사』의 경험과 유사한 그로테스크한 경험을 서술한다. 소설은 저명한 중국학 학자 킨이 그의 서재에 소장된 2만 5천여 권의 책에 애착하는 관계를 다루는데, 책의 존재와 관리 그리고 책의 수가 늘어나는 것이 킨의 유일한 삶의 이유다. 몽상적일 정도로 강렬한 이 관계는 수집가의 열정을 광기로 바꾼다. 여기서는 그로테스크가 편협하고 교활한 그의 가정부 테레제와 킨 사이에 벌어지는 싸움으로 훌륭하게 나타나는데, 그녀는 책을 숭배하는 척하며 킨과의 결혼에 성공하지만, 킨은 곧 그녀의 무용함, 폭력성, 탐욕을 알아차린다. 두 사람은 책의 유지 문제와 부부가 함께 살아가는 방식에 대한 문제로 심각하게 싸운다. 그로테스크하면서도 혼미스러운 와중에 모든 것이 요동치며, 일상의 모든 차원이 불안한 증식 안에서 전복된다. 여기서 우리는 스트린드베리에 의해 완성된 장 파울을 주앙도^{Marcel Jouhandeau}의 날카로운 말과 함께 떠올리게 된다. 킨은 포기하고 집을 나올 수밖에 없고, 일을 위해 협소한 이동식 서재를 만든다. 나중에 테레제가 떠난 후에 집을 되찾은 그는 책에 불을 지르고 불길에 휩싸여 죽는다.

현대 사회의 학자에게는 책의 소유가 책에 담긴 지식과 일치할 수 없음을 소설은 보여준다. 이런 의미에서 무엇인가 얻고 아끼는 데 열중하는 테레제는 사물화된 사회에서 킨의 그로테스크한 타락이다. 카네티는 (대사, 독백, 클리셰의 창안을 통해) 정묘한 글쓰기를 가능케 하는 모든 수단을 동원해, 권력과 돈의 지배로 경직된 세계 안에서 고립된 인간의 의식을 그리고 있다.

곰브로비치 작품에서의 그로테스크한 종속

정신을 압박하는 그로테스크의 위협은 그로테스크의 모든 양식을 능숙하게 사용했던 곰브로비치의 소설에서도 나타난다. 사회 규범에 의한 테러리즘에 매료되었던 그는 『페르디두르케』(1937)에서 사회의 규칙, 규범, 가식에 대한 개인의 그로테스크한 종속을 분석한다. 그는 또한 권력의지의 작동방식과 인간이 다른 인간을 지배하고 변화시키고 근본적으로 타락시키는 방식에도 몰두한다. 이는 『포르노그라피아』(1960)의 주제로, 이 소설에서 『악령』의 스타브로긴과 마찬가지로 오만하고 사악한 프레데릭은 주위 사람들을 조종해, 예전에는 '정상적'이었던 이들을 가학적 존재로 바꿔놓으며, 정상인들의 모든 가치는 독일 치하의 병적인 분위기 안에서 산산이 부서진다. 그로테스크에 잠식당한 인간을 이토록 강렬하게 그려낸 현대 작가는 극히 드물다.

현대 피카레스크에서의 그로테스크, 셀린과 귄터 그라스

그로테스크의 활력은 셀린^{Céline}과 귄터 그라스 덕분에 현대의 피카레스크 소설이 부흥하는 시기에 모습을 드러낸다. 울분과 혐오와 난폭함과 명철함 사이에 자리한 셀린의 복잡한 그로테스크를 몇 가지 특징으로 간략하게 말하기란 쉽지 않다. 셀린의 인물들은 인간에게서 특히 취약함, 무기력함, 냉혹함이 드러나게 하는 타락의 혼미스러움으로 빠져든다. 『밤의 끝으로의 여행』(1932)에 등장하는 가시덤불이나 『외상 죽음』(1936)에서의 파리처럼, 세상은 서로 찢어발기는 하찮은 짐승들로 가득 찬 정글이다. 그러나 셀린의 재능은 이렇게 와해하는 세계에 특별한 생명력을 불어넣으며, 바로 이러한 사실이 노골적이고 열정적이라는 측면에서 그를 라블레의 계승자로 자리매김한다. 하지만 셀린의 웃음은 라블레식의 풍부한 쾌활함이 없는, 때때로 폭발하고 욕설로 돌변하는 강요된 웃음이다. 그래도 그는 하다못해 불결하고 비열한 것에도 진정한 그로테스크 재능에서 기인하는 색과 두터움과 해학적 특성을 성공적으로 부여한다. 그에게서 그로테스크는 헨리 밀러$^{Henry\ Miller}$의 작품에서보다 훨씬 뚜렷하며, 포르노그래피에 생명력을 불어넣는데, 『외상 죽음』의 충격적인 난교 장면이 그 예다. 그의 이러한 재능은 1949년에 출간된 폭력적 소극 『전쟁』과 같이 덜 주목받는 작품들에서 노골적으로 나타나며, 그로테스크하고 환각적인 병영 장면들의 연속으로 구성된 이 작품에서는 군대에서의 삶이 어리석음의 거대한 폭발로 표현된다. 그로테스크가 혼미스러움을 한층 더 유발하는 형태는 몽상을 다룬 소설 『노르망스 : 다음번을 위한 몽환극』(1954)에서 보이는데, 여기서는 폭격 이야기가, 풍차 꼭대기에 올라가 폭격기에 도전하는 앉은뱅이의 모습처럼 우스꽝스러운 이미지들과 공포의 시각을 한데 뒤섞는다. 이 소설에서는 이렇게 그로테스크의 모든 양식이 유례없이 복잡하게 얽혀있다. 셀린은 그로테스크의 화가이기도 하다. 그는 인류에게 다정하지 않지만, 자신의 그로테스크가 가진 나약함에서 의미를 찾으려 하고, 『외상 죽음』에서의 백치 종킨트의 세계와 같은 순진한 그로테스크 세계를 꿈꾼다.

이는 그의 절망적 세계에 새로운 차원을 부여한다.

권터 그라스가 주장한 그로테스크

그를 전형적인 피카레스크 소설가로 간주하지 않더라도, 성장소설을 패러디한 『양철북』(1959)에서 귄터 그라스(1927-2015)는 그로테스크를 복합적이고 섬세하게 사용한다. 그의 독창성은 무엇보다 나치즘 시대의 독일을 결연하게 관찰했다는 것이며, 이를 위해 그는 바흐친의 그로테스크 원칙에 따라서 아주 통속적인 영역, 즉 원초적이고 육체적이어서 신화적이거나 이론적인 시각보다 훨씬 당대를 잘 설명해주는 구체적 현실에서 출발한다. 이 방식에 힘입어 그는, 체제에 발목 잡힌 독일의 침체를 완벽하게 보여주면서도 위협적이지 않고 평범한 인물들을 통해, 나치즘의 그로테스크를 어디서든 발견하게 한다. 성장을 거부한 애어른 오스카는 시대의 증인으로, 주위 사람들을 직간접적으로 제거하는 두려운 인물이고, 때로는 나치즘과 타협하는 동시에 희화화하는 일종의 괴물이다. 이 풍요로운 소설은 가차 없는 풍자를 위해 상상력을 이용하며, 현실을 통해 역사를 표현하는 그로테스크 유희의 모든 힘을 눈부시게 보여준다.

그로테스크와 피카레스크는 현대 소설에서 다양한 방식의 결합에 참여한다. 두 가지 예를 더 들어보자. 토마스 만이 일찍 시작해 1954년까지 집필을 계속했지만, 미완성작으로 남은 『사기꾼 펠릭스 크룰의 고백』은 1914년 이전의 독일 사회에 대한 풍자를 양식과 장르에 대한 패러디와 결합하는 그로테스크한 환상의 예를 보여준다. 주인공은 이따금 자기 자신도 속아 넘어가는 사기꾼이다. '피카로'의 현대판 화신이라 할 수 있는 이 매력적인 주인공은 예술가의 모순성에 새로운 특징을 부여한다. 이 가볍고 유희적인 그로테스크는 『파우스트 박사』의 비극적 그로테스크에 대한 반동의 형태라고 할 수 있다.

미셸 투르니에

보다 최근에는 미셸 투르니에$^{\text{Michel Tournier}}$(1924-2016)가 『마왕』(1970), 『메테오르』(1975) 또는 단편집 『황야의 수탉』에서 혼종적이고 엉뚱하며 기괴한 존재들의 묘사를 통해 양가적 그로테스크 이미지의 예, 그리고 삶의 찬양을 죽음의 매혹에 결합하는 그로테스크한 신체 해석의 예를 제공한다. 분명 투르니에에게 그로테스크란 그의 작품을 포장하는 친숙한 현실이다. 그는 특별한 기교 없이 그로테스크를 활용하면서, 그로테스크 전통의 생명력과 현재의 요구에 부응하는 재능을 보여준다.

미국 소설에 나타나는 그로테스크

미국 소설을 살펴보는 것으로 그로테스크에 새로운 차원을 덧붙이는 작업을 마무리하자. 여기서는 에드거 앨런 포 이후 단단히 뿌리내리고, 앰브로즈 비어스$^{\text{Ambrose Bierce}}$(1842-1914)의 재기발랄한 파괴적인 재능으로 유명해진 환상적 그로테스크 전통을 다시 살펴보려는 것이 아니다. 『존속살해자 클럽』의 저자 앰브로즈 비어스는 빈정거림, 무례함, 블랙 유머를 결합하는 데 있어 독보적인 거장이다. 하지만 다른 의미에서 생각해보면, 좀 더 최근의 미국 소설은 그로테스크한 이미지를 통해 그로테스크에 새로운 정당성과 일종의 보편성을 부여하고 있다.

앞서 살펴보았듯이, 진실을 자기 것으로 만들고 그것을 타자를 배제하는 데 이용하는 한 남자를 통해 셔우드 앤더슨은 그로테스크를 사방에서 찾아낸다. 그로테스크에 관한 이러한 해석은 그를 플로베르 곁에 자리매김하게 한다. 하지만 『와인즈버그, 오하이오』(1919)의 등장인물 모두가 이러한 정의에 부합하는 것처럼 보이지는 않는다. 손자를 겁주는 어쭙잖은 예언자 제시 벤틀리 같은 인물들 몇몇은 혼미한 정신과 권력의지를 모두 갖고 있다. 하지만 등장인물 대부분은 무엇보다도 나약함과 무력함이 특징이며, 엘머 카울리, 루이즈 벤틀리, 실패한 예술가 에녹 로빈슨처럼 욕구불만에 빠진 인물들은 자기 자신에서 그리고 그 지방에서 벗어나, 세상과 타인을 향한 통로를 발견하기를 꿈꾼다. 이들을 그로테스크한 사람들이라고 말할 수 있을까? 이들은 사태를 피상적으로 파악할 때만 그로테스크하다. 하지만 이들 대부분은 현실이 보기보다 훨씬 복잡하다는 사실을 짐작하고 있다. 이러한 상황에서는 작가는 그들에게 아이러니보다는 공감하는 법이다.

미국 문학에서 셔우드 앤더슨의 뒤를 이어, 일련의 양가적 그로테스크 혹은 반(半)그로테스크가 제임스 퍼디^{James Purdy}, 레이놀즈 프라이스^{Reynolds Price}, 셜리 앤 그라우^{Shirley Ann Grau}, 리처드 예이츠^{Richard Yates}, 제임스 레오 헐리히James Leo Herlihy, 제이스 F. 파워스James Farl Powers의 작품에서 등장한다(이러한 '그로테스크 시대'에 관해서는 피에르 도메르그 Pierre Dommergues의 『오늘날의 미국 작가들』, « Que sais-je ? », n° 1168, 1965, 54-55쪽 참조).

작가가 자신이 창조한 인물에게 느끼는 복합적인 호감은 소설가 카슨 매컬러스Carson McCullers(1917-1967)에게서 매력으로 변모한다. 그녀의 이야기에서는, 남부 문학 작가[38] 들이 한결같이 다루는 '존재의 나약함'을 구현하는 사람들이 중심인물들의 주위로 모여든다(모리스 레비Maurice Lévy, 『고딕. 그로테스크』, coll. «Rule Britannia», n° 3 참조). 여기서 농아들, 꼽추들, 영혼과 육체의 장애인들은 아마도 (모리스 레비가 암시하는) 부조리의 이미지라기보다는, 고독에서 빠져나올 수 없는 무력감과 사랑의 욕망 사이에 끼어 있는, 『마음은 외로운 사냥꾼』(1940)의 저자가 말한 근본적 모순에 가까울 것이다.

이는 또한 플래너리 오코너Flannery O'Connor(1926-1964)의 메시지일 수 있는데, 오코너에게서 그로테스크는 겉으로 보기에 더욱 전통적이며, 예컨대 스놉스 가(家)에 관한 포크너의 소설 세 편(『촌락』(1940), 『마을』(1957), 『저택』(1959))에서 보이듯, 익살과 악마성 간의 긴장에 더욱 부합한다.

플래너리 오코너의 세계는, 1955년의 단편집의 제목 『좋은 사람은 찾

---

[38] 역주) 미국 남부를 배경으로 하는 고딕소설의 하위 장르로, 육체적, 정신적 결함을 가진 인물들이 등장하는 경우가 많으며, 가난과 각종 차별 등 남부의 사회적 문제점을 주로 다루며, 스릴러, 호러, 판타지 요소가 자주 도입된다.

기 힘들다』가 암시하듯, 선량한 사람이 흔치 않은 괴물들의 세계. 하지만 천주교 신자인 작가는 (공포와 생경함 사이의 다양한 형태로 나타나는) 이러한 그로테스크가 모든 사람의 그로테스크임을 보여준다. 첫 번째 단편의 살인자들이나 보철물을 훔치기 위해 장애 여자를 유혹하는 행상에게만 해당하는 것이 아니라, 자신들을 방해하는 폴란드 망명자를 끔찍하게 죽이기 위해 작당하는 성실한 농부들에게도 그로테스크는 해당한다. 이렇게 되면 그로테스크는 이제 비정상의 표현이 아니다. 그로테스크는 존재의 모순을 드러내면서, 주변을 벗어나 예술과 현실의 중심에 자리하는 것이다.

결론

 그로테스크에 관한 마지막 고찰은 우려스럽다. 오늘날 그로테스크는 그 역사적인 과정에서 어렵게 획득한 정체성을 잃을 위험에 처한 것 아닐까? 연장 혹은 축소의 표현방식들로 범위가 명확해진 그로테스크는 두 가지 언어 간의 공존에 의해서만 입증될 수 있었는데, 하나는 '긍정적'이거나 '부정적'인 다양한 형태로 실존적 혼미스러움을 표현하는 언어고, 다른 하나는 유희나 웃음이나 거리 두기의 형태로 이 언어를 풍부하게 하면서 통제하는 언어다. 그로테스크의 역설과 힘은 이러한 양가성과 밀접한 관련을 맺는다. 그런데 오늘날 그로테스크는 이중의 위기에 빠져있다. 우선 보편화의 위기로, 미국 소설이 그 예를 보여주었다. 편재하는 그로테스크는 그로테스크 자체를 가려버릴 위험이 있다. 또 다른 위기는 그로테스크를 어떤 장애로 제한하는 것으로, 현대의 정신적 분열 속에서 확장되는 심리학이 이러한 장애를 절대적으로 중시하는 경향성을 보인다. 그러나 그로테스크와 정신 분열은 혼동될 수 없다. 그로테스크는 오랫동안 뷔를레스크, 환상성, 풍자, 유머 같은 유사한 방식들과 동행하고 또 그것들에 의해 지탱되었으나, 이제는 현대의 비극성이라는 비정상적이고 확산적인 형태와의 관계 안에서, 비극성을 표현할 수 없는 하나의 형식으로만, 더 이상 체험하거나 쓰려고 하지 않는 비극의 한 대체재로만 나타날 뿐이다.

이러한 위기는 실재하지만, 그에 대한 보상도 존재한다. 먼저, 특히 도해(圖解)를 통해 어느 시대에나 확인되었던 유희의 힘을 주목해야 한다. 그로테스크 유희는 '그로테스카'의 뒤얽힘에, 그리고 그 연장선에 있는 이탈리아 기교파와 바로크에 생기를 불어넣었다. 그로테스크 유희는 초현실주의의 구성이나 해체에서만 작동한 것이 아니라, 여전히 작동하고 있다. 비극적 언어를 어릿광대와 익살꾼의 언어로 대체하는 현대극의 경향을 정당화하는 것이 다름 아닌 이 유희이며, 여기서 대체 언어는 그로테스크의 모조품이기도 하지만, 놀이에 의한 정화의 형식이며 새로운 카타르시스이기도 하다. 이 유희는 현대의 그로테스크를 위협하는 축소에 맞서는 하나의 방식이지만, 축소와 결합할 때는 오히려 특출한 표현방식의 원천이 될 수도 있으며, 계승자들이 끊이지 않는 카프카와 베케트가 사용한 불확정의 그로테스크 언어가 대표적 예다.

결국, 그로테스크의 보편화 자체는 분명 일종의 새로운 정신의 발견에 해당한다. 오랫동안 하찮음 또는 이상함의 형태로 여겨졌던 그로테스크는 점점 더 인간의 모든 활동과 결합하며, 때로는 가장 숭고한 활동과 결합한다. 여기에는, 확실히 매우 효율적이지만 더 단조롭고 더 배타적인 기존의 자각을 대체하는 놀랄만한 자각이 개입한다. 현대인은 그로테스크한 세계 안에 있다. 광대 캐릭터에 대한 현대 예술의 호감은, 종종 풍부한 의미를 내포하지만 불안정하고 불우한 상태에서 실존을 이해하려는 노력에 해당한다. 실제로 이러한 노력은 이성적이고 조직적인 구조들로부터 우리를 유리해서 부조리의 덧없음을 발견하게 한다. 그렇다고 그로테스크의 기능이 거기서 멈추는 것은 아니다. 부조리가 종종 현실의 중요한 부분을 무시하는 자의적 결정을 반영하는 한, 그로테스크는 존재와 사물의 양가성을 끊임없이 강조하면서 부조리에 맞서 방어하게 해줄 수 있다. 그런 점에서 그로테스크는 우리 시대를 특징짓는 명철함에 대한 욕구에 부합한다. 그로테스크는 우리를 삶의 안정성을 문제화하는 영역으로 인도하면서 우리 안에 내재한 이 욕구를 오랫동안 충족시켰지만, 그로테스크는 또한 유동성 덕분에 새롭고 더욱 유연한 형태를 부여하면서 삶의 안정성 회복을 도울 수 있으며, 이는 오래된 전통으로 거슬러 올라가고 오늘날의 인간에게 유익한 욕망을 새로이 제시하는 유희적 지혜를 통해 이루어질 것이다.

참고문헌

1. 예술, 미술 분야

J. Baltrusaitis, *Le Moyen Age fantastique* (Paris, Flammarion, 1981); Réveils et prodiges (ibid., 1988).

M. Brion, *L'art fantastique*, nouv. ed., Paris, 1989.

J. Ceard, *La nature et les prodiges; L'insolite au XVIe siècle en France*, Genève, 1977.

A. Chastel, *La grottesque*, Paris, Le Promeneur, 1988.

Nicole Dacos, *La découverte de la Domus Aurea et la formation des grotesques de la Renaissance*, Londres, 1969.

C. G. Dubois, *L'imaginaire de la Renaissance*, PUF, «Écritures», 1985; *Le Baroque, profondeurs de l'apparence*, PU Bordeaux, 1993.

W. Haftmann, *Malerei im 20. Jahrhundert. Eine Entwicklungsgeschichte*, München, 1965.

G. R. Hocke, *Labyrinthe de l'art fantastique. Le Manièrisme dans l'art européen*, trad., Paris, 1967.

E. Kris, *Psychanalyse de l'art*, Paris, PUF, 1978.

G. Lascault, *Le monstre dans l'art occidental*, Paris, 1979.

J. Mayoux, *La peinture anglaise*, Paris, A. Colin, 1969.

Ralph E. Shikes, *The indignant Eye*. The artist as a social critic in prints and drawings from the fifteenth century to Picasso, Boston, 1969.

Thomas Wright, *Histoire de la caricature et du grotesque dans la littérature et dans l'art*, trad., 2e ed., Paris, 1875.

2. 문학, 심리학 분야

M. Bakhtine, *L'oeuvre de Franfois Rabelais et la culture populaire au Moyen Age et sous la Renaissance*, trad., Gallimard, «Tel», 1970(미하일 바흐친, 『프랑수아 라블레의 작품과 중세 및 르네상스의 민중문화』, 이덕형, 최건영 역, 아카넷, 2001).

K. Barash, *The Grotesque. A study in meanings*, La Hague, 1971.

F. Burwick, *The Haunted Eye. Perception and the Grotesque in English and German Romanticism*, Heidelberg, 1987.

A. Clayborough, *The Grotesque in English Literature*, Oxford, 1965.

M. Esslin, *Au-delà de l'absurde*, trad., Paris, 1970; Théâtre de l'absurde, trad., Paris, 1977.

S. Freud, Das Unheimliche, in *Aufsätze zur Literatur*, Hambourg, 1963(지그문트 프로이트,「두려운 낯설음」, in 『예술, 문학, 정신분석』, 정장진 역, 열린책들, 1996 ; 2018).

G. Harpham, *On the Grotesque. Strategies of contradiction in Art and Literature*, Princeton, 1982.

A. Heidsieck, *Das Groteske und das Absurde im modernen Drama*, Stuttgart, 1971.

E. Jacquart, *Le théâtre de la dérision*, Paris, 1974.

L. B. Jennings, *The ludicrous Demon. Aspects of the Grotesque in German Post-Romantic Prose*, UP Berkeley, 1963.

W. Kayser, *Das Groteske, seine Gestaltung in Malerei und Dichtung*, Oldenburg, 1957(볼프강 카이저, 『미술과 문학에 나타난 그로테스크』, 이지혜 역, 아모르문디, 2011 ; 2019).

R. Pearce, *Stages of the Clown: Perspectives on Modern Fiction, from Dostoyevsky to Beckett*, Southern Illinois, UP, 1970.

Elisha Rosen, *Sur le grotesque, l'ancien et le nouveau dans la réflexion esthetique*, Saint-Denis, PUV, 1991.

A. Sachs, *The English Grotesque. An Anthology from Langland to Joyce*, Jerusalem, 1969.

C. W. Thomsen, *Das Groteske im englischen Roman des 18. Jahrhunderts*, Darmstadt, 1974 (cité Thomsen, 1); *Das Groteske und die englische Literatur, Darmstadt*, 1977 (cité Thomsen, 2).

Ph. Thomson, *The Grotesque. The critical Idiom*, London, 1972(필립 톰슨, 『그로테스크』, 서울대학교 출판부, 1986).

L. Vax, *La séduction de l'etrange*, Paris, PUF, 1987.

3. 학술지 또는 학술대회 발표집

Sinn oder Unsinn. Das Groteske im modernen Drama (M. Esslin, R. Grimm, H. B. Harder, K. Volker), Basel, 1962.

Das Grotesque in der Dichtung, Hrsg. von Otto Best, Stuttgart, 1980 (avec 2 essais de définition du grotesque par Michael Steig et Carl Pietzcker).

Le Grotesque. Etudes germaniques, janvier-mars 1988 (Colloque 1886, Toulouse).

Figures du grotesque, Colloque Université de Nanterre, 1992.

Fantastique, grotesque et image de la société, PU Toulouse II (Colloque 1993).

A la recherche du grotesque, Colloque Institut finlandais, Paris, 1993.

그로테스크

Le Grotesque

초판 1쇄 : 발행일 2024년 3월 14일
지 은 이 : 도미니크 이엘
옮 긴 이 : 노란, 박희태, 시몽 다니엘루, 민경현
펴 낸 이 : 한용택
표지 그림 : 송지원
펴 낸 곳 : 어제오늘내일
출판신고 : 제2022-000008호
주　　소 : 경기도 군포시 수리산로 40, 815-1001
전　　화 : 070-8095-3109
이 메 일 : h_a_d@naver.com
인쇄·제작 : 안북스

ISBN 979-11-979107-5-3

한국어판 저작권(c) 어제오늘내일(HAD) 2022
이 도서의 국립중앙도서관 출판시도서목록(CIP)은 e-CIP 홈페이지(http://nl.go.kr/ecip)와 국가자료공동목록시스템(http://nl.go.kr/kolisnet)에서 이용하실 수 있습니다.
* 책값은 뒤표지에 있습니다.
* 잘못된 책은 구입처에서 교환해드립니다.